JN439977

금강반야바라밀경

金 剛 般 若 波 羅 蜜 經

도서출판 일흥미디어

"금강경을
몸에 항상 지니고 읽고 외우고하여
어느 경지까지 이르게되면,
이 사람은 세상에서
최상의 제일 드문 법을
성취한 사람이니라."

우리말
금강반야바라밀경

金　剛　般　若　波　羅　蜜　經

목 차

우리말 금강반야바라밀경 (金剛般若波羅蜜經)

제 1 품 법회가 열리게 된 원인 / 11
제 2 품 수보리가 일어나 법을 청하다 / 12
제 3 품 보살은 대승의 길을 걷는다 / 14
제 4 품 걸림이 없이 마음을 닦는다 / 16
제 5 품 참다운 진리를 바로 보라 / 18
제 6 품 올바른 믿음이란 거룩하다 / 20
제 7 품 얻은 것도 없고 설 한것도 없다 / 23
제 8 품 모든 부처가 이법으로 부터 나온다 / 25
제 9 품 어떠한 상도 없어야 한다 / 27
제10품 꾸밈없는 마음이 정토를 이룬다 / 31
제11품 꾸밈없는 청정한 복이 제일이다 / 34
제12품 바른 가르침을 존중하다 / 36
제13품 여법하게 받아지니다 / 38
제14품 모든 상을 떠나야 적멸에 든다 / 41
제15품 금강경을 소중히 지니는 공덕 / 48
제16품 업장을 맑게 할 수 있다 / 51
제17품 깨달음의 경지에는 내가없다 / 53
제18품 일체를 똑같은 것으로 보다 / 59
제19품 온 세상을 두루 교화한다 / 63
제20품 형체를 떠나고 상을 떠나야 한다 / 64
제21품 법은 말로써 설명 할 수 없다 / 66
제22품 어떤 법도 얻을 것이 없다 / 68
제23품 맑은 마음으로 착함을 행한다 / 69
제24품 복과 지혜는 비교 할 수 없다 / 70
제25품 교화한바 없는 교화 / 71
제26품 법신은 상이 아니다 / 73
제27품 일체 법은 끊어짐도 없어짐도 없다 / 75
제28품 받지도 않고 탐하지도 않는다 / 76
제29품 여래의 모습은 고요하다 / 78
제30품 진리와 현상은 하나다 / 79
제31품 지견은 생기지 않는다 / 81
제32품 응화란 참된것이 아니다 / 83

개 경 계
開 經 偈

가장 높으며 깊고 깊은 미묘한 부처님법
백천만겁이 지나도 만나기 어려워라.
나 이제 보고 들은것을 수지하려 하오니
여래께서는 진실한 뜻을 풀어 주옵소서.

無上甚深微妙法　百千萬劫難遭遇
무상심심미묘법　백천만겁난조우
我今聞見得修持　願解如來眞實意
아금문견득수지　원해여래진실의

개법장진언
開 法 藏 眞 言

옴 아라남 아라다 · 옴 아라남 아라다 · 옴 아라남 아라다

금강반야바라밀경

제1품
법회가 열리게 된 원인

이와같이 나는 들었나이다.

그때 부처님께서는 사위국의 기수급 고독원에서 비구승 천이백오십명과 함께 계시였나이다.

이때 부처님께서는 식사 시간이 되어, 가사를 입으시고 발우를 들고서 사위성으로 들어가 차례로 일곱집의 공양을 받아 가지고 다시 정사로 돌아 오셔서 공양을 마치시었나이다.

그리고 옷과 발우를 제자리에 놓으시고 발을 씻으시고 자리를 펴고 앉아 입정에 드셨나이다.

제2품
수보리가 일어나 법을 청하다

참석한 모두가 선정에 들어있을때, 장노 수보리께서 자리에서 일어나 오른쪽 어깨를 들어내고 오른쪽 무릎을 끓어 합장하며 머리숙여 부처님께 다음과 같이 여쭈었나이다.

"세상에서 제일 귀하신 세존이시여! 여래께서는 항상 모든 보살들을 보살펴 주시면서 또한 모든 보살들로 하여금 중생들을 잘 제도하도록 당부하고 계시나이다.

세존이시여! 부처님 공부를 열심히 하고자 노력하는 선남선녀가 부처님과 똑같은 경지인 아뇩다라삼먁삼보리에 오르고자 마음을 낸다면 그 마음을 어디에 두고 시작해야 하며, 또한 그 마음을 어떻게 사로잡아 나가야 하나이까?"

부처님께서 말씀하사대

"착하고 훌륭한 수보리여! 그대의 말은 여래가 여러 보살을 항상 보살피면서 여러 보살들에게 잘 일러 준다 함이려뇨.

그대는 이제 잘 들을 지니라. 그대를 위하여 말하리라. 선남자와 선여인이 아뇩다라삼먁삼보리의 마음을 일으키려면 마땅히 이렇게 머물고, 이렇게 그 마음을 사로잡아 나가야 하느니라."

"알겠나이다. 세존이시여! 즐거운 마음으로 잘 듣겠나이다"

제3품
보살은 대승의 길을 걷는다

부처님께서 수보리에게 말씀하시나니

"모든 보살과 마하살은 마땅히 다음과 같이 자신들의 산란한 마음을 사로잡아야 하느니라. 이세상에는 여러 종류의 생명들이 있으니 즉 알에서 태어나는 것, 태로 태어나는 것, 습기있는 곳에서 태어나는 것, 껍데기 허물을 벗으면서 태어나는 것, 형상이 있는 것 또는 형상이 없는 것, 지각이 있는 것 또는 지각이 없는 것, 지각이 있는것도 아니고 그렇다고 지각이 없는것도 아닌 것등의 생명체들이 함께 세상을 살아가고 있느니라.

이러한 생명체들을 내가 모두 일깨워서 생·노·병·사의 고통에서 해방되게 하리라. 이렇게 헤아릴 수 없이 많은 중생을 제도 하였다 하더라도 실제로는 그와같이 제도 받는 중생은 하나도 없느니라.

왜 그러냐 하면 수보리여! 그 보살들의 마음속에 내가 했다든가, 내가 너를 위해 했다든가, 너희들보다 나은 우리가 했다든가, 또는 너희들보다 환생을 보장 받은 우리가 했다라고 하는등, 차별·분별하는 상을 가지고 제도 했다면 그것은 진실된 보살이 아니기 때문이니라."

제4품
걸림이 없이 마음을 닦는다

"다음으로 이르노니, 수보리여! 보살은 모든일에 있어서 분별심에 얽매여 보시하면 절대로 않되느니라. 예를 들면 눈으로 보는 색깔이나 귀로 듣는 소리나, 코로 맡는 향기나, 혀로 느끼는 맛이나, 몸으로 부딛치는 감촉이나 생각으로 구별하는 사물등 대상에 따라 헤아려서 보시하면 절대로 안되느니라.

수보리여! 앞에서도 이야기 한것처럼 보살은 그러한 상에 얽매여서는 안되기 때문이니라.

만약에 보살이 상에 걸림이 없이 보시 한다면 그 복은 감히 헤아릴 수 없기 때문이노라.

수보리여! 그대 생각은 어떠한가? 동쪽 하늘의 허공이 얼마나 큰지 헤아려 볼 수 있겠는가?"

"불가능 하나이다. 세존이시여!"

"그렇다면 수보리여! 계속해서 남·서·북방과 그 사이와 위와 아래 즉 시방세계의 크기를 헤아릴 수 있겠는가?"

"아니옵나이다. 불가능 하옵나이다. 세존이시여!"

"수보리여! 보살이 상에 집착하지 않고 보시하면 그 복이 이와같이 한량없이 많고 큰 것이노라. 따라서 모든 보살들은 이와같이 내가 가르친대로 따라서 행해야 하느니라."

제5품
참다운 진리를 바로 보라

"수보리여! 그대 생각은 어떠 하느뇨? 육신의 형태로써 여래를 볼 수 있는가?"

"아니옵나이다. 세존이시여! 신상으로써 여래를 볼 수 없나이다. 왜냐하면 여래께서 말씀하신 육신이란 곧 육신이 아니옵나이다."

부처님께서 수보리에게 게송으로 말씀 하셨나이다.

"무릇 모든 모양들은
모두 허망하나니
만약 모든 형상을 형상으로 보지 아니 하면
곧 여래를 보리라"

"凡所有相 皆是虛妄
범소유상 개시허망
若見諸相非相 卽見如來"
약견제상비상 즉견여래

제6품

올바른 믿음이란 거룩하다

수보리가 부처님께 여쭈옵기를

"세존이시여! 많은 중생들이 지금까지의 부처님 말씀과 글귀를 듣고 참다운 믿음을 일으키겠나이까?"

부처님께서 수보리에게 말씀 하사대

"그런말 하지마라. 여래가 이세상을 떠난 뒤 오백년이 흐른 후에라도 계행을 지키고 복을 닦는 이가 있어서 이 구절을 진실한 것으로 알아서 신심을 내어 믿게 될 것이니라.

이런 사람은 지난 세월동안 한 두 부처뿐만 아니라 수많은 부처님들에게 시봉을 하면서 선의 뿌리를 심었느니라.

이미 헤아릴 수 없이 많은 부처님과 부처님 계신곳에 공양과 시주를 하며 선의 뿌리를 심어서, 이 구절을 듣거나 한 생각만으로도 깨끗한 믿음이 생길 것이니라.

수보리여! 여래는 이렇게 선근을 심어온 중생들이 한량없는 복덕을 받을 것이라는 것을 다 알고 보고 계시느니라.

왜 그런가 하면, 이러한 중생들은 내가 제일이다, 나는 너와 다르다, 우리는 다른 중생보다 우위에 있다, 그리고 나는 행복하게 오래 살것이라는 등 네가지의 상이 없으며, 부처님께서 설하신 법에 매달림도 없으며 법아닌 것도 갖지 않기 때문이니라.

왜 그런가 하면, 모든 중생들이 마음에 무엇을 간직하여

가지고 있다면 바로 그것이 나다 · 너다 · 우리다 · 우리가 제일이다에 얽매이게 되고, 결국은 그 아 · 인 · 중생 · 수자상에 집착할 것이며 만약 법 같은 것을 갖는다면 아 · 인 · 중생 · 수자상에 매달리게 될 것이기 때문이니라.

왜 그런가 하면, 만약 법답지 않은것을 취한다면 아 · 인 · 중생 · 수자의 생각에 머물기 때문이니라.

그러므로 여래는 항상 말하지 않았는가? 그대들 비구는 강 건너 가는데 필요했든 뗏목의 비유로, 강 건너 갔으면 뗏목을 버려야 함에도 짊어지고 가서야 되겠는가? 법도 마땅이 버려야 하거늘 하물며 법이 아닌것을 가지고 있으면 되겠는가?"

제7품
얻은 것도 없고 설 한것도 없다

"수보리여! 그대 생각은 어떠한가? 여래가 성불한 사람-무상 정등 정각 즉 아뇩다라삼먁삼보리를 얻었다고 생각하느뇨? 여래가 성불하여 도를 이루는 정해진 방법이 있다거나 법을 설한바가 있는가?"

수보리 대답하사대

"제가 부처님께서 말씀 하신것을 알기로는 그러한 경지에 오르는데는 특정한 방법이 없으며 부처님과 똑같은 경지를 이름하여 아뇩다라삼먁삼보리라고 하였을 뿐이옵나이다.

왜냐하면, 여래께서 설법하신 것은 모두 가질 수 없으며,

말로 설명할 수 없으며, 특정한 방법도 아니며, 또한 방법이 없는 것도 아니기 때문이나이다.

왜 그런가 하면, 과거의 모든 부처님과 보살들도 이렇게 정하지 않은 방법, 즉 여러가지 근기나 상황에 따른 방편법으로 각각 공부하여 성취 하였기 때문이나이다."

제8품
모든 부처가 이법으로 부터 나온다

"수보리여! 그대 생각은 어떠한가? 만약 어떤 사람이 삼천대천세계를 가득 채울만한 일곱가지 보석으로 보시한다면 그 사람이 받는 복덕은 참으로 많지 않겠는가?"

수보리가 대답하사대

"정말 매우 많습니다. 세존이시여! 왜 그런가 하면 그 받은 복덕은 그 복덕이라는 말 자체에는 자성이 있는 것이 아니기 때문에 여래께서 복덕이 많다고 말씀하신 것이옵니다."

"만약 어떤 사람이 이 금강경 가운데에 있는 사구게의 한 구절만이라도 받아 가지고 있으면서 남을 위해서 신심나게 설명 해 준다면, 이 사람이 받는 복덕은 앞의 보배의 보시로 받은 복덕보다 훨씬 나을것이니라.

왜냐하면 수보리여! 일체의 부처와 모든 부처의 아뇩다라 삼먁보리 법이 모두 금강경으로부터 나오기 때문이니라.

수보리여! 이른바 불법이란 영원 불변한 법이 아니니라. 그러므로 항상 변하는 상에 집착하지 말지니라."

제9품
어떠한 상도 없어야 한다

"수보리여! 그대는 어떻게 생각 하느뇨?

수다원에 오른 사람이 스스로 수다원의 경지를 얻었다고 생각 하겠는가?"

수보리 대답하사대

"아니옵나이다. 세존이시여! 왜냐하면 수다원은 본래 공부를 열심히 해서 이제야 성인의 경지에 들어섰다는 '입류(入流)'를 일컬음이온데 실제로는 들어간 곳이 없기 때문이나이다.

눈으로는 색깔을, 귀로는 소리를, 코로는 냄새를, 혀로는 맛을, 몸으로는 촉감을, 생각으로는 사물을 비교하고 판단하는

번뇌의 틀 속에 들지 않은 경지를 이름하여 수다원이라고 하나이다."

"수보리여! 그대 생각은 어떠하느뇨?

사다함이 스스로 사다함의 경지를 얻었다고 생각하겠는가?"

수보리 대답하사대

"아니옵나이다. 세존이시여! 사다함이란 이름하여 한번 갔다가 다시 돌아 온다는 뜻의 '일왕래'(一往來)라 하나, 실제로 가고 옴이 없는것인지라 이를 일러 사다함이라 하나이다."

"수보리여! 그대는 어떻게 생각하느뇨?

아나함이 스스로 아나함의 경지를 얻었다고 생각하겠는가?"

수보리 대답하사대

"아니옵나이다. 세존이시여! 왜냐하면 아나함이란 이름이 돌아오지 않는 다는 뜻의 '불래'라 하나 실제로 열심히 공부하여 다시는 탐욕의 인간세계에 태어나지 않겠다는 뜻을 설명하여 아나함 이라고 하나이다."

不 來

"수보리여! 그대는 어떻게 생각하는가?

아라한이 스스로 아라한의 경지를 얻었다고 생각하겠는가?"

수보리 대답하사대

"아니옵나이다. 세존이시여! 왜냐하면 실로 법이 있지 않는 것을 이름하여 아라한이라 하기 때문이나이다. 세존이시여! 만약에 아라한이 스스로 아라한의 경지에 올랐다고 생각한다면, 아·인·중생·수자의 네가지 상에 집착한 것이나이다.

세존이시여! 부처님께서는 제가 다툼이 없는 삼매를 얻었으며, 사람중에 제일 뛰어나고 욕구를 떠난 아라한 중에 으뜸이라 하셨나이다.

세존이시여! '저는 욕심을 떠난 아라한이라' 생각한바 없나이다.

세존이시여! 제가 만약 '아라한도를 얻었다'고 생각 했다면, 부처님께서는 '수보리가 아란나행을 즐기는 자'라 말씀하시지 않았을 것이나이다.

저 수보리가 실로 행하는 바가 없기에 수보리를 아란나행을 즐기는 자라 이름하셨나이다."

제10품
꾸밈없는 마음이 정토를 이룬다

부처님께서 수보리에게 말씀하사대

"수보리여! 그대 생각은 어떠한가? 아득한 옛날 여래가 연등불이 계신 곳에서 부처가 되는 법을 얻은바 있다고 생각하는가?"

"아니옵나이다. 세존이시여! 여래께서는 연등불이 계시던 곳에서 실로 그러한 법을 얻은바가 없나이다."

"수보리여! 그대 생각은 어떠하느뇨? 보살이 부처님이 계시는 곳을 아름답게 꾸밀 수 있겠는가?"

"아니옵나이다. 세존이시여! 왜냐하면, 부처님 계신곳을 꾸

민다는 것은 실제로 꾸미는 것이 아니라 그것을 이름하여 장엄이라 하나이다."

"그러므로 수보리여! 모든 보살마하살은 이와같이 꾸밈이 없이 맑고 깨끗한 마음을 내어야 할것이니라.

마땅히 형상에 머물러서 마음을 내지 말고
소리와 냄새와 맛과 닿음과 모든 대상에 매달려서
마음을 내지 말아야 할지니
마땅히 머무는 바 없이 그 마음을 낼지니라."

"不應住色生心
불응주색생심

不應住聲 香味觸法生心
불응주성 향미촉법생심

應無所住 而生其心"
응무소주 이생기심

"수보리여! 비유컨데 어떤 사람의 몸이 수미산만 하다면, 어찌 생각하느뇨? 그 몸이 크다고 하지 않겠는가?"

수보리 대답하사대

"대단히 크옵나이다. 세존이시여! 왜냐하면 부처님께서 몸이 아닌것을 이름하여 큰몸이라 했기 때문이나이다."

제11품
꾸밈 없는 청정한 복이 제일이다

"수보리여! 만약 갠지스 강에 있는 모든 모래 수만큼이나 많은 갠지스강이 있다면, 그대 생각은 어떠하느뇨? 이 모든 갠지스 강의 모래는 많다고 하지 않겠는가?"

수보리 대답하사대

"매우 많습나이다. 세존이시여! 모든 갠지스 강만 해도 셀 수 없이 많은데, 하물며 그 모래이겠나이까?"

"수보리여! 내가 이제 진솔하게 말하노니, 만약 선남자 선여인이 갠지스 강의 모래 수 만큼이나 많은 삼천대천세계를 가득채운 일곱가지 보배로써 보시 한다면, 그 얻는 복이 많다고 하지 않겠는가?"

수보리 대답하사대

"매우 많사옵나이다. 세존이시여!"

부처님께서 수보리에게 말씀하사대

"또다른 선남자 선여인이 이 금강경 가운데 사구게라도 수지하여 다른 사람들에게 설명해 준다면, 앞에서 말한 칠보로 보시한 복덕보다 더 클것이니라."

제12품
바른 가르침을 존중하다

"수보리여! 다시 잘 들을 지니라.

이 금강경의 내용과 사구게 등을 아무렇게나 말 하더라도 하늘이나 세상의 인간들이나 아수라 같은 귀신들이 마치 부처님의 사리탑에 공양하는 것처럼 존경하고 따르게 됨을 알아야 하느니라.

하물며 어떤 사람이 이 경을 몸에 항상 지니고 읽고 외우고 하여 어느 경지까지 이르게 되면, 수보리여! 이 사람은 세상에서 최상의 제일 드문 법을 성취한 사람이니라.

만약 이 금강경을 모시고 공부를 열심히 하는 곳이라면 부처님이 계시는 곳이며, 공부하는 제자들은 존경을 받을 것이니라."

제13품
여법하게 받아지니다

그때 수보리가 부처님께 아뢰옵기를

"세존이시여! 이 경전의 이름을 무엇이라고 하여야 하며, 또한 저희들은 어떻게 받들어 모셔야 하나이까?"

부처님께서 수보리에게 말씀하사대

"이 경전의 이름을 ≪금강반야바라밀≫이라 하고 이 이름으로 받들어 모시도록하여라. 왜 그런가 하면 수보리여! 부처가 말한 반야바라밀이란 반야바라밀이 아니라 이름이 반야바라밀이기 때문이노라. 수보리여! 그대 생각은 어떠한가? 여래가 법을 설 한 바가 있다고 생각하는가?"

수보리가 부처님께 아뢰옵기를

"세존이시여! 여래께서는 법을 설하신 바가 없사옵나이다."

"수보리여! 그대 생각은 어떠한가?

삼천대천 세계의 모든 티끌이 많지 않은가?"

수보리가 대답 하사대

"실로 엄청나게 많사옵나이다. 세존이시여!"

"수보리여! 이러한 티끌들을 여래께서 말하기를 티끌이 아니라 이름하여 티끌이라 했느니라. 여래가 말한 세계도 진정한 세계가 아니라, 이름만 붙여서 세계라고 하노라.

수보리여! 그대 생각은 어떠한가? 32상으로 여래를 볼 수 있는가?"

"아니옵나이다. 세존이시여! 32상으로써 여래를 볼 수 없나이다. 왜 그런가 하면 여래께서 말씀하신 32상은 그것이 상이 아니라 그것의 이름이 32상이기 때문이나이다."

"수보리여! 만약 선남자와 선여인이 갠지스강의 모래 수만큼이나 많은 목숨을 바쳐서 보시하더라도, 만일 어떤 사람이 이 금강경의 사구게라도 받들어 지니고, 다른 사람을 위해 설명해 준다면 이 복이 훨씬 더 많을것이니라."

제14품

모든 상을 떠나야 적멸에 든다

그때 수보리가 이 경전의 말씀을 듣고 그 깊은 이치를 깨달아 감복하여 눈물을 흘리면서 부처님께 아뢰었나이다.

"이 세상에서 제일 훌륭하신 세존이시여! 부처님께서 이렇게 깊고 깊은 경전의 뜻을 알아듣기 쉽게 설 하신것도 처음이며, 예로부터 이제까지 공부한 깨달음으로도 감히 얻어 들어본바가 없나이다.

세존이시여! 만약 어떤 사람이 이 금강경을 듣고 그 믿는 마음이 맑고 깨끗 해지면 그 사람은 진실한 상을 볼것이며 그 사람은 마땅히 제일 중요한 공덕을 성취했음을 알겠나이다.

세존이시여! 이 진실한 상을 체험한 사람도 상에 불들린 사람이 되면 곧바로 진실한 상이 헛것이 되어 버릴 것이 옵나이다. 그러므로 여래께서 말씀하신데로 진실한 상도 이름이나이다.

세존이시여! 저는 이제 이 금강경을 얻어들어 믿고 이해하고 그대로 받아 지니는 데는 어려움이 없아옵나이다.

만약 이후 5백년 뒤에 이 금강경을 믿고 이해하며 받아지니고 열심히 공부한다면 이사람은 제일 귀한 사람들이나이다.

왜냐하면 이사람은 아상·인상·중생상·수자상이 없기 때문이나이다. 왜 그런가 하면, 아상이라는 상에 매달리면 그것이 진실한 상이 아니듯 인상·중생상·수자상도 상이 아니기 때문이나이다. 왜냐하면 일체 모든 상을 떠난것을 부처라 하기 때문이나이다."

부처님께서 수보리에게 말씀하사대

"그렇다! 바로 그렇다! 또 어떤 사람이 이 금강경을 듣고 놀라지도 않고 두려워 하지도 않으며 겁내지도 않는다면 이 사람은 아주 귀한 사람임을 알아야 하느니라.

왜냐하면 수보리여! 여래가 말씀하신 제일바라밀은 제일바라밀이 아니라, 그것의 이름이 제일바라밀이기 때문이노라.

수보리여! 인욕바라밀은 여래께서 말씀하시기를 진정한 인욕바라밀이 아니라, 그것을 이름하여 인욕바라밀이라 하노라.

어찌하여 그런가 하면 수보리여! 내가 전생에 가리왕에게 내 몸이 칼로 베어지고 갈기 갈기 찢기어질때 나에게 아상도 없었고, 인상도 없었으며, 중생상도 수자상도 없었느니라.

왜 그러 했던가? 그때 마디 마디 사지가 찢길때, 만약 아상·인상·중생상·수자상이 있었더라면 당연히 성내고 원망하는 마음을 일으켰을 것이니라.

수보리여! 또 지난일을 생각해보니 전생의 오백생애동안 인욕선인이였던 세상에서도 아상도 없었고, 인상도 없었으며, 중생상도 수자상도 없었느니라.

수보리여! 보살은 마땅히 일체의 모든상을 떠나서 아뇩다라삼먁삼보리의 마음을 일으키고, 결코 세상의 사물들에 얽매여 분별하는 마음을 내지말며, 귀로는 소리를, 코로는 냄새를, 혀로는 맛을, 몸으로는 감촉을, 생각으로는 모든 사물에 대하여 얽매이는 생각, 욕심을 채우는 생각이 일어 나서는 않되느니라.

만약 마음에 머무름이 있다면 그것은 머무름이 아니니, 이런 까닭에 부처님께서 보살의 마음은 응당 현상에 머무르지 않고 보시하는 것이라 말씀하였느니라.

수보리여! 보살은 일체 중생의 이로움을 위해 마땅히 이렇게 보시해야 하느니라. 여래가 말씀하신 일체의 모든 상이 상이 아니며, 또 일체의 중생이라고 설 하신것도 곧 중생이 아니니라.

수보리여! 여래는 참된 말씀을 하시는 분이시며, 알찬 말씀을 하시는 분이시고, 허황한 말씀을 하시지 않는 분이시며, 다름이 없는 말씀을 하시는 분이시니라.

수보리여! 여래께서 체득하신 법은 알찬것도 없으며 허망한 것도 없느니라.

수보리여! 만약에 보살이 보시를 함에 있어서 그 대상에 얽매인 마음으로 보시한다면 이것은 마치 어두운 곳에 들어간 사람처럼 아무것도 볼 수가 없는것과 같으니라.

만약 보살의 마음이 그 대상에 얽매임이 없이 보시한다면 눈 밝은 사람이 밝은 햇빛 아래서 온갖 형체를 보는것과 같으니라.

수보리여! 앞으로 오는 세상에 선남자와 선여인이 능히 이 금강경을 받아 지녀서 읽고 외우면 곧 여래가 될 것이니라.
부처의 지혜로써 이사람들을 모두 알고 모두 보나니, 한량없고 가없는 공덕을 성취할 것이니라."

제15품
금강경을 소중히 지니는 공덕

"수보리여! 만약 선남자 선여인이 아침에 갠지스강 모래만큼이나 많은 몸으로 보시하고, 낮에 다시 갠지스강 모래만큼 많은 몸으로 보시하고, 저녁에도 갠지스강 모래만큼 많은 몸으로 보시하며, 이렇게 무한히 백천만억겁을 몸으로써 보시하더라도, 또 어떤 사람이 있어 이 금강경을 듣고 믿는 마음이 거스르지 않는다면 그 복과 덕은 더욱 클 것이로다.

하물며 이 경을 베껴쓰고, 받아 지녀서 읽고 외우며 다른 사람을 위하여 해설해 준다면 그 복은 어떠하겠는가?

수보리여! 요약하여 말하건대,

이 금강경에는 불가사의하고 헤아릴 수 없는 무한한 공덕이 있어서, 여래께서 대승의 마음을 일으킨 사람을 위해 말씀하신 것이요, 최상승의 마음을 일으킨 사람을 위하여 말씀하신 것이니라.

만약 어떤 사람이 이 금강경을 받아 지니고 열심히 읽고 외우면서 널리 다른 사람을 위하여 설명해 준다면, 여래께서는 이 사람이 하고 있는것을 모두 알고 다 보고 계시니, 헤아릴 수 없고 무어라고 일컬을 수 없으며 끝이 없는 불가사의 한 공덕을 성취 할 것이니라.

이러한 사람들은 여래와 같은 경지의 아뇩다라삼먁삼보리를 체득하여 성불하게 될 것이니라.

어찌하여 그런가 하면 수보리여! 자기만 알고 자기만을 위하여 공부하는 소승법을 즐기는 자라면 아견·인견·중생견·수자견에 집착하여 이 금강경의 큰 뜻을 알아 듣지도 못하고 받아 지니지도 않고, 읽고 외우지도 않아서 다른 사람을 위해 해설 할수도 없기 때문이니라.

수보리여! 어느 곳이든 이 금강경이 있다면 하늘과 모든 사람과 귀신들이 반드시 공양을 올릴것이니라.

마땅히 알아야 하느니, 이 금강경이 있는 곳은 부처님의 사리탑이 있는 곳으로써 모두가 공경하고 예배를 드리며 탑돌이를 하고 향을 사루고 꽃을 받치게 될 것이니라."

제16품
업장을 맑게 할 수 있다

"또한 수보리여! 선남자 선여인이 이 금강경을 항상 지니고 읽고 외웠음에도 만약 사람들에게 업신여김을 당한다면, 이 사람은 전생에 지은 죄업으로 마땅히 지옥이나 아귀들이 들끓는 곳에 떨어질 것이지만, 지금 생애에 사람들의 업신여김을 당함으로써 전생의 죄업이 소멸 되어서 아뇩다라삼먁삼보리를 얻게 되느니라.

수보리여! 내가 과거 한량없는 아승지겁의 지난 세월을 돌이켜 생각해 보건대, 연등부처님 앞에서 공부할때 8백4천만억 나유타의 많은 부처님들을 모두 공양하고 받들어 섬겨서

그냥 지나친 적이 없었느니라.

만약 또 어떤 사람이 훗날 말세에 이 금강경을 지니고 읽고 외운 그 공덕은, 내가 모든 부처님을 공양하고 시봉한 공덕으로는 백분의 일, 천만억분의 일 내지는 어떠한 산술적인 비유로도 미치지 못할 것이니라.

수보리여! 만약 선남자 선여인이 먼 훗날 말세에 이 금강경을 지니고 독송하여 얻은 공덕을 내가 자세하게 말한다면 혹 어떤 사람은 듣고 마음에 광란을 일으켜 여우처럼 의심하며 믿지 않을 것이니라.

수보리여! 마땅히 알아야 하느니라. 이 금강경의 뜻은 불가사의하며, 그 과보 또한 불가사의 하노라."

제17품
깨달음의 경지에는 내가없다

그때에 수보리가 부처님께 아뢰옵기를

"세존이시여! 선남자와 선여인이 아뇩다라삼먁삼보리의 마음을 일으켰다면 어디에 마음을 두어 머물러야 하며, 어떻게 그 마음을 고르게 제어해 나아가야 하나이까?"

부처님께서 수보리에게 말씀하사대

"선남자와 선여인이 아뇩다라삼먁삼보리의 마음을 일으켰다면 마땅히 이와같이 마음을 낼지니라.

나는 마땅히 일체 중생을 제도하리라. 일체 중생을 제도 하였으되 실로 한 중생도 제도한 사람이 없다라고 할것이니라.

왜 그러냐 하면 수보리여! 만약 보살에게 아상·인상·중생상·수자상이 있다면 보살이 아니기 때문이니라.

왜 그런가 하면 수보리여! 실로 아뇩다라삼먁삼보리의 마음을 일으킬 어떠한 법도 없기 때문이니라.

수보리여! 그대 생각은 어떠한가? 여래께서 옛날 연등부처님 계신 곳에서 어떤 법이 있어서 아뇩다라삼먁삼보리를 얻었겠는가?"

"아니옵나이다. 세존이시여! 제가 부처님 말씀을 이해하는 바로는 부처님께서 연등부처님 계시던 곳에서 아무 법도 없이 아뇩다라삼먁삼보리를 성취하셨나이다."

부처님께서 말씀하사대

“그렇다. 바로 그렇다! 수보리여! 실로 어떠한 법도 없이 아뇩다라삼먁삼보리를 성취하였느니라.

수보리여! 만약에 어떤 법이 있어서 아뇩다라삼먁삼보리를 이루웠다면, 연등부처님께서 나에게 ‘그대는 장차 오는 세상에 반드시 성불 할것이며 석가모니라 불릴 것’이라고 예언하시지 않았을 것이니라.

실로 어떤 법도 없이 아뇩다라삼먁삼보리를 얻었기 때문에 연등부처님께서 나에게 예언하시기를, 그대는 다음세상에 마땅히 부처가 되어 석가모니라 불릴 것이라고 말씀하신 것이니라.

왜냐하면, 여래라 함은 모든법이 있는 그대로가 진리라는 뜻이기 때문이니라.

만약 어떤 사람이 말하기를 여래가 아뇩다라삼먁삼보리를 얻었다고 하더라도, 수보리여! 실로 어떤 법도 없이 부처님은 아뇩다라삼먁삼보리를 얻었느니라. 수보리여! 여래가 얻은 아뇩다라삼먁보리의 그 가운데에 실다움도 없으며 그렇다고 텅빈것도 아니니라.

이런 까닭에 여래가 말씀하시기를 일체의 법이 모두 부처님이 말씀하신 가르침의 법이라 하느니라.

수보리여! 이른바 일체의 법이란 일체의 법이 아니니라. 이름 하여서 일체법이라 하느니라. 수보리여! 비유하여 사람의 몸이 매우 크다고 하는 것과 같으니라."

수보리가 아뢰옵기를

"세존이시여! 여래께서 몸이 크다고 말씀하신것은 곧 큰 몸이 아니라 이름하여 큰 몸이라고 하신 것이나이다."

"수보리여! 보살도 또한 이와 같아서 내가 당연히 한량없는 중생을 제도하리라고 말한다면 보살이라고 불릴 수 없느니라. 왜 그러냐 하면 수보리여! 실로 아무 법도 없는것을 이름하여 보살이라고 하기 때문이니라.

이런 까닭에 부처님이 말씀하시기를 일체의 법에는 아·인·중생·수자가 없다고 하였느니라.

수보리여! 만약 보살이 내가 부처님 세계를 장엄 하였다라고 말한다면 이를 보살이라고 이름 부르지 아니 했을 것이니라.

왜냐하면 여래께서 말씀 하시는 부처님 세계의 장엄은 곧 장엄이 아니라 이름이 장엄 일 뿐이니라.

수보리여! 만약 보살이 무아의 진리를 통달 했다면 여래는 이를 참된 보살이라 이름 부를 것이니라."

제18품
일체를 똑같은 것으로 보다

"수보리여! 그대 생각은 어떠한가? 여래에게 세상의 사물을 보고 분간 할 수 있는 눈이 있는가?"

"그러하옵나이다. 세존이시여! 여래께서 사물을 볼 수 있는 육체의 눈을 갖고 계시나이다."

"수보리여! 그대 생각은 어떠한가? 여래에게 미세한 사물까지도 멀리 그리고 널리 볼 수 있는 천안이 있는가?"

"그러하옵나이다. 세존이시여! 여래께서는 중생들의 미래 생사하는 모양도 알 수 있는 천안을 갖고 계시나이다."

"수보리여! 그대 생각은 어떠한가? 여래에게 우주를 밝게

보는 혜안이 있는가?"

"그러하옵나이다. 세존이시여! 모든 집착을 여의고 삼세를 꿰뚫어 볼 수 있는 혜안도 갖고 계시나이다."

"수보리여! 그대 생각은 어떠한가? 여래에게 일체 법을 분명하게 비춰보는 법안이 있는가?"

"그러하옵나이다. 세존이시여! 여래께서는 삼라 만상의 실상을 보고 중생을 제도 하시는 법안을 갖고 계시나이다."

"수보리여! 그대 생각은 어떠한가? 여래에게 제일 높은 경지의 눈인 부처의 눈도 갖고 있는가?"

"그러하옵나이다. 세존이시여! 여래께서는 모든 법의 진성을 비춰보는 부처님의 눈을 갖고 계시나이다."

"수보리여! 그대는 어떻게 생각하는가? 갠지스강의 모든 모래에 대하여 부처는 모래라고 말한적이 있는가?"

"그러하나이다. 세존이시여! 여래께서는 그 모래에 대하여 말씀하시었나이다."

"수보리여! 그렇다면, 갠지스강의 모든 모래 수만큼의 갠지스강이 있고 이 모든 갠지스강의 모래 수만큼 부처의 세계가 있다면 많다고 하지 않겠는가?"

"매우 많사옵나이다. 세존이시여!"

부처님께서 수보리에게 말씀하사대

"그렇게 상상을 초월한 많은 국토 가운데에 있는 중생들의 마음을 여래께서는 낱낱이 다 알고 계시느니라.

왜냐하면 여래가 말씀하신 모든 마음은 마음이 아니기때문에 그 이름이 마음일 따름이니라.

왜 그런가 하면 수보리여! 조금전 지나간 마음은 얻을 수 없으며, 이 순간의 마음도 얻을 수 없고, 다가오는 미래의 마음도 얻을 수가 없느니라."

제19품
온 세상을 두루 교화한다

"수보리여! 그대는 어떻게 생각하는가? 만약에 어떤 사람이 삼천대천세계를 가득 채울만한 칠보로써 남을 위해 보시한다면, 이 사람은 이 인연으로 얻은 복과 덕이 많다고 하지 않겠는가?"

"그러하나이다. 세존이시여! 그 사람은 그 인연으로 많은 복덕을 얻을 것이나이다."

"수보리여! 그 복덕이 실로 있는 것이라면 여래는 많은 복덕을 얻었다고 말하지 않았을 것이니라. 복덕이란 본래 없는 것이기에 여래는 얻은 복덕이 많다고 말한것이니라."

제20품

형체를 떠나고 상을 떠나야 한다

"수보리여! 그대 생각은 어떠한가? 부처를 빛깔과 형상을 갖춘 몸이라 볼것인가?"

"그렇지 않습나이다. 세존이시여! 여래를 빛깔과 형상의 몸, 즉 색신을 다 갖추었다고 하는것은 색신을 다 갖춘것이 아니라 그것을 이름하여 다 갖추어진 색신이라 하셨기 때문이나이다."

"수보리여! 그대 생각은 어떠한가? 여래를 모든 상, 즉 모든 모습을 다 갖추었다고 볼 수 있는가?"

"아니옵나이다. 세존이시여! 여래를 모든상을 다 갖추었다고 보아서는 아니되옵나이다.

왜냐하면 모든 상을 다 갖추었다고 하신것은 모두 갖춘것이 아니라 그것을 이름하여 다 갖추어진 모든 상이라 하셨기 때문이나이다."

제21품

법은 말로써 설명 할 수 없다

"수보리여! 그대는 여래가 마땅히 설법 한 것이 있다고 생각 할 것이라고 말하지 말며, 그러한 생각도 하지 말지니라.

왜냐하면 만약 어떤 사람이 여래께서 법을 설한바가 있다고 말한다면 이는 곧 부처를 비방하는 것이요, 내가 말한것을 바로 이해하지 못한 때문이니라.

수보리여! 법을 설한다는 것은 어떠한 법도 말로써 가능하지 않으며, 이름하여 설법 이라고 할 따름이노라."

그때 지혜로우신 수보리께서 부처님께 아뢰옵기를

"다가오는 다음 세상에서 많은 중생들이 이렇게 설 하신 법문을 듣고 믿는 마음을 내겠나이까?"

부처님 말씀하사대

"수보리여! 그 중생들은 중생이 아니요 또한 중생 아님도 아니니라. 왜 그러한가 하면 수보리여! 중생아, 중생아 하는 것은 여래가 말하는 중생이 아니라 이름이 중생인 것이기 때문이노라."

제22품
어떤 법도 얻을 것이 없다

수보리가 부처님께 아뢰옵기를

"세존이시여! 부처님께서 아뇩다라삼먁삼보리를 얻으신것도 얻은바가 없다는 것이나이까?"

부처님께서 말씀하사대

"그렇다. 바로 그렇다. 나는 아뇩다라삼먁삼보리 뿐만 아니라 조그만한 법도 얻은것이 없으며, 이것을 이름하여 아뇩다라삼먁삼보리라 하느니라."

제23품
맑은 마음으로 착함을 행한다

"수보리여! 다시 이르노니 법이란 평등하여 높고 낮음이 없으니 이것을 이름하여 아뇩다라삼먁삼보리라 하느니라. 아상이 없고 인상이 없고 중생상도 없고 수자상도 없이 모든 착한 법을 닦으면 곧 아뇩다라삼먁삼보리를 얻느니라.

수보리여! 소위 착한 법이란 여래의 말인 즉 착한법이 아니라 그 이름이 착한법 선법이라 하노라."

제24품
복과 지혜는 비교 할 수 없다

"수보리여! 만약 어떤 사람이 삼천대천세계 가운데에 있는 수미산 만큼 칠보를 쌓아놓고 보시하고, 또다른 어떤 사람이 반야바라밀경과 그리고 사구게를 수지 독송하며 다른 사람을 위해 말해준다면, 앞의 복과 덕은 백분의 일 백천만억분의 하나 그리고 어떠한 산술적 비유로도 미치지 못할 것이니라."

제25품
교화한바 없는 교화

"수보리여! 그대 생각은 어떠한가?

그대들은 이렇게 말하지 말지니라. 여래께서 마땅히 중생을 제도해야 한다는 생각을 지을것이라고. 수보리여 이렇게 생각하지 말라. 왜냐하면 실로 여래가 제도한 중생이 없느니라.

만약에 여래가 제도 할 중생이 있다고 한다면 여래는 곧 아상과 인상과 중생상과 수자상이 있음이니라.

수보리여! 여래의 말씀에 '내가 있다' 고 하는것은 곧 있는것이 아님이거늘, 그러나 범부들은 '내가 있다' 고 생각 할 것이니라.

수보리여! 범부라는 것도 여래가 말씀하시기를 범부가 아니라 그것을 이름하여 범부라 하느니라."

제26품
법신은 상이 아니다

"수보리여! 그대 생각은 어떠한가? 32상으로써 여래를 볼 수 있는가?"

수보리 아뢰옵기를

"그러하옵나이다. 바로 그렇습니다. 32상으로써 여래를 보나이다."

부처님께서 말씀하사대

"수보리여! 만약 32상으로써 여래를 본다면, 전륜성왕도 곧 여래이리라."

수보리가 부처님께 아뢰옵기를

"세존이시여! 제가 부처님의 말씀을 이해 하기로는, 32상으로써 여래를 볼 수 없나이다."

그때 세존께서 게송으로 말씀 하시었나이다.

"만약 형상으로써 나를 보려 하거나
음성으로써 나를 구한다면
이 사람은 삿된 도를 행하는지라
능히 여래를 볼 수 없느니라."

"若以色見我 以音聲求我
약이색견아 이음성구아

是人行邪道 不能見如來"
시인행사도 불능견여래

제27품
일체 법은 끊어짐도 없어짐도 없다

"수보리여! 그대는 만약 여래가 상을 두루 갖추지 않은 까닭에 아뇩다라삼먁삼보리를 얻었다고 생각 할지도 모르나 수보리여! 그렇게 생각하지 말지어다. 여래가 상을 두루 갖추지 않음으로써 아뇩다라삼먁삼보리를 얻었다고 수보리여! 그대가 만약 이렇게 생각을 한다면, 아뇩다라삼먁삼보리의 마음을 일으키는 사람은 모든 법이 끊어지고 없어지고 한다고 말하겠는가. 이런 생각을 짓지 말지어다. 왜냐하면 아뇩다라삼먁삼보리의 마음을 일으킨 사람은 법에 대하여 끊어지고 없어지는 상이라 말하지 않기 때문이노라."

제28품
받지도 않고 탐하지도 않는다

"수보리여! 만약 보살이 갠지스강의 모래 수만큼의 세계에 가득한 칠보로써 보시한다 해도, 또다른 사람이 일체의 법에 내가 없는 무아의 경지에 이르러서 깨달음의 경계인 무상법인을 이루어 얻었다면 이 보살의 공덕은 앞의 보살이 얻은 공덕보다 훨씬 클 것이니라.

왜 그런가 하면 수보리여! 모든 보살은 복과 덕을 받아 들이지 않기 때문이니라."

수보리가 부처님께 아뢰옵기를

"세존이시여! 어찌하여 보살은 복과 덕을 받지 아니하옵나이까?"

"수보리여! 보살은 자신이 지은 복과 덕을 탐하거나 집착하지 않기 때문에 복과 덕을 받지 않는다고 말하느니라."

제29품

여래의 모습은 고요하다

"수보리여! 어떤 사람이 말하기를 여래는 오는것 같기도 하고 가는것 같기도 하며, 앉아계시는 듯 하기도 하고 누워 계시는 듯 하기도 하다고 한다면 이사람은 내가 말한 뜻을 바로 알지 못한것이니라.

왜 그런가 하면, 여래란 어디로부터 오는 곳도 없으며 역시 가는곳도 없어 여래라 부르느니라."

제30품
진리와 현상은 하나다

"수보리여! 만약 선남자 선여인이 삼천대천세계를 부수어 미세한 먼지로 만든다면 어찌 생각하는가? 이 미세한 먼지가 많다고 하지 않겠는가?"

수보리가 아뢰옵기를

"매우 많습나이다. 세존이시여! 왜냐하면 만약 이 미세한 먼지가 실제로 있는 것이라면 미세한 먼지에 대하여 말씀하시지 않았을 것이나이다.

그 까닭은 부처님께서 말씀하신 미세한 먼지는 곧 미세한 먼지가 아니며 그 이름이 미세한 먼지일 따름이기 때문이나이다.

세존이시여! 여래께서 말씀하신 삼천대천세계, 또한 세계가 아니며 이름하여 세계라 하나이다.

어찌하여 그런가 하면, 만약 세계가 실제로 있다면 곧 그것은 하나로 합쳐진 형상이기 때문이나이다. 여래께서 말씀하신 하나로 합쳐진 형상-일합상은 일합상이 아니요, 그 이름이 일합상이나이다."

"수보리여! 일합상이란 가히 설명 할 수 있는것이 아님에도 범부들이 그 일에 탐내는 마음이 머물러 있느니라."

제31품
지견은 생기지 않는다

"수보리여! 만약 어떤 사람이 말하기를 부처가 아견·인견·중생견·수자견을 말했다고 한다면 수보리여! 그 사람은 내가 말한뜻을 이해하는 것이겠는가?"

"아니옵나이다. 세존이시여! 이사람은 여래께서 설명하신 뜻을 이해한것이 아니옵나이다.

왜냐하면 세존께서 말씀하신 아견·인견·중생견·수자견은 아견·인견·중생견·수자견이 아니라, 이름이 아견·인견·중생견·수자견이기 때문이나이다."

"수보리여! 아뇩다라삼먁삼보리를 일으킨 사람은 일체의

법에 대하여 마땅히 이와같이 알고, 이와 같이보며, 이와같이 믿고 이해하여 법상을 내지 말지니라.

수보리여! 이른바 법상이라는 것은 여래께서 말씀하신 즉 법상이 아니고 이름이 법상이니라."

제32품
응화란 참된것이 아니다

"수보리여! 만약 어떤 사람이 한량없이 많고 긴 세월 동안을 세계에 가득찬 칠보로써 보시한다면, 만약 선남자 선여인이 보리심을 일으켜 이 금강경을 받아 지니거나, 그리고 사구게를 수지독성하여 다른 사람을 위해 설명해 준다면, 그 복은 앞의 칠보 보시보다 클 것이니라. 어떻게 다른 사람을 위해 설명하여 줄것인가? 어떠한 형상을 취하지도 않고 여여하여 움쩍도 하지 않음이니라.

왜냐하면,

일체 함이 있는 법은
꿈이며 허깨비며 물거품이며 그림자와 같고
풀끝에 맺힌 이슬과 같고 번개와 같으니
마땅히 이와같이 바로 보아야 하느니라."

"一切有爲法 如夢幻泡影
일체유위법 여몽환포영
如露亦如電 應作如是觀"
여로역여전 응작여시관

부처님께서 이 금강경을 다 말씀 하시자 장노 수보리와 모든 비구와 비구니, 우바새 우바이 그리고 일체 세간의 하늘과 인간, 아수라등이 부처님의 말씀을 듣고 모두 크게 기뻐하며 이 금강경을 믿음으로써 받아서 받들어 실천 하였나이다. 〈終〉

금강반야바라밀경

金 剛 般 若 波 羅 蜜 經

목 차

금강반야바라밀경 (金剛般若波羅蜜經)

제일품 법회인유분 ··············· 91
第一品 法會因由分
제이품 선현기청분 ··············· 92
第二品 善現起請分
제삼품 대승정종분 ··············· 94
第三品 大乘正宗分
제사품 묘행무주분 ··············· 95
第四品 妙行無住分
제오품 여리실견분 ··············· 97
第五品 如理實見分
제육품 정신희유분 ··············· 98
第六品 正信希有分
제칠품 무득무설분 ··············· 100
第七品 無得無說分
제팔품 의법출생분 ··············· 101
第八品 依法出生分
제구품 일상무상분 ··············· 103
第九品 一相無相分
제십품 장엄정토분 ··············· 107
第十品 莊嚴淨土分
제십일품 무위복승분 ············ 109
第十一品 無爲福勝分
제십이품 존중정교분 ············ 111
第十二品 尊重正敎分
제십삼품 여법수지분 ············ 112
第十三品 如法受持分
제십사품 이상적멸분 ············ 115
第十四品 離相寂滅分
제십오품 지경공덕분 ············ 120
第十五品 持經功德分
제십육품 능정업장분 ············ 122
第十六品 能淨業障分
제십칠품 구경무아분 ············ 124
第十七品 究竟無我分
제십팔품 일체동관분 ············ 129
第十八品 一體同觀分
제십구품 법계통화분 ············ 132
第十九品 法界通化分
제이십품 이색이상분 ············ 133
第二十品 離色離相分
제이십일품 비설소설분 ········· 134
第二十一品 非說所說分
제이십이품 무법가득분 ········· 136
第二十二品 無法可得分
제이십삼품 정심행선분 ········· 137
第二十三品 淨心行善分
제이십사품 복지무비분 ········· 138
第二十四品 福智無比分
제이십오품 화무소화분 ········· 139
第二十五品 化無所化分
제이십육품 법신비상분 ········· 140
第二十六品 法身非相分
제이십칠품 무단무멸분 ········· 142
第二十七品 無斷無滅分
제이십팔품 불수불탐분 ········· 143
第二十八品 不受不貪分
제이십구품 위의적정분 ········· 144
第二十九品 威儀寂靜分
제삼십품 일합상리분 ············ 145
第三十品 一合理相分
제삼십일품 지견불생분 ········· 147
第三十一品 知見不生分
제삼십이품 응화비진분 ········· 149
第三十二品 應化非眞分
부 록
금강반야바밀경 용어 해설편 ······ 151

개경게
開經偈

무상심심미묘법 백천만겁난조우
無上甚深微妙法 百千萬劫難遭遇

아금문견득수지 원해여래진실의
我今聞見得修持 願解如來眞實意

개법장진언
開法藏眞言

옴 아라남 아라다
옴 아라남 아라다
옴 아라남 아라다

금강반야바라밀경

金 剛 般 若 波 羅 蜜 經

제일품 법회인유분

第一品 法會因由分

여시아문하사오니 일시에 불이 재사위국기수급고독원하사
如是我聞 一時 佛 在舍衛國祇樹給孤獨園

여대비구중천이백오십인으로 구하시다. 이시에 세존이 식시에
與大比丘衆千二百五十人 俱 爾時 世尊 食時

착의지발하시고 입사위대성하사 걸식하실새 어기성중에 차제
着衣持鉢 入舍衛大城 乞食 於其城中 次第

걸이하시고 환지본처하사 반사흘하시고 수의발하시고 세족이하
乞已 還至本處 飯食訖 收衣鉢 洗足已

시고 부좌이좌하시다.
敷座而坐

제이품 선현기청분
第二品 善現起請分

시에 장로수보리 재대중중하다가 즉종좌기하사 편단우견하
時 長老須菩提 在大衆中 卽從座起 偏袒右肩

시며 우슬착지하시고 합장공경하사 이백불언하사대
右膝着地 合掌恭敬 而白佛言

"희유세존이시여! 여래선호념제보살하시며 선부촉제보살하시
希有世尊 如來善護念諸菩薩 善付囑諸菩薩

나이다. 세존이시여! 선남자 선여인이 발아뇩다라삼먁삼보리심
世尊 善男子 善女人 發阿耨多羅三藐三菩提心

인데는 응운하주하며 운하항복기심하오리까?"
應云何住 云何降伏其心

불언하사대 "선재 선재라! 수보리여! 여여소설하야 여래선호념
佛言 善哉 善哉 須菩提 如汝所說 如來善護念

제보살하시며 선부촉제보살하십이라. 여금제청하고 당위여설
諸菩薩 善付囑諸菩薩 汝今諦聽 當爲汝說

하리라. 선남자 선여인이 발아뇩다라삼먁삼보리심인데는 응여
善男子 善女人 發阿耨多羅三藐三菩提心 應如

시주며 여시항복기심이니라."
是住 如是降伏其心

"유연 세존이시여! 원요욕문하오리다!"
唯然 世尊 願樂欲聞

제삼품 대승정종분
第三品 大乘正宗分

불고수보리하사대 "제보살 마하살이 응여시항복기심이라.
佛告須菩提 諸菩薩 摩訶薩 應如是降伏其心

소유일체중생지류에 약란생과 약태생과 약습생과 약화생과
所有一切衆生之類 若卵生 若胎生 若濕生 若化生

약유색과 약무색과 약유상과 약무상과 약비유상비무상을 아
若有色 若無色 若有想 若無想 若非有想非無想 我

개영입무여열반하야 이멸도지하리라. 여시멸도무량무수무변중
皆令入無餘涅槃 而滅度之 如是滅度無量無數無邊衆

생하되 실무중생이 득멸도자니라. 하이고오? 수보리여! 약보살
生 實無衆生 得滅度者 何以故 須菩提 若菩薩

이 유아상 · 인상 · 중생상 · 수자상이면 즉비보살이니라"
有我相 人相 衆生相 壽者相 卽非菩薩

제사품 묘행무주분
第四品 妙行無住分

"부차수보리여! 보살은 어법에 응무소주하야 행어보시니 소
復次須菩提 菩薩 於法 應無所住 行於布施 所

위부주색보시며 부주성향미촉법보시니라. 수보리여! 보살은
謂不住色布施 不住聲香味觸法布施 須菩提 菩薩

응여시보시하야 부주어상이니라. 하이고오? 약보살이 부주상
應如是布施 不住於相 何以故 若菩薩 不住相

보시하면 기복덕은 불가사량이니라. 수보리여! 어의운하오? 동
布施 其福德 不可思量 須菩提 於意云何 東

방허공을 가사량부아?"
方虛空 可思量不

"불야이나이다. 세존이시여!"
不也 世尊

"수보리여! 남서북방 사유상하허공을 가사량부아?"
須菩提 南西北方 四維上下虛空 可思量不

"불야이나이다. 세존이시여!"
不也 世尊

"수보리여! 보살의 무주상보시하는 복덕이 역부여시하야 불
須菩提 菩薩 無住相布施 福德 亦復如是 不

가사량이니라. 수보리여! 보살은 단응여소교주니라."
可思量 須菩提 菩薩 但應如所敎住

제오품 여리실견분
第五品 如理實見分

"수보리여! 어의운하오? 가이신상으로 견여래부아?"
須菩提 於意云何 可以身相 見如來不

"불야이나이다. 세존이시여! 불가이신상으로 득견여래이나이다. 하이고오? 여래소설신상은 즉비신상이나이다."
不也 世尊 不可以身相 得見如來 何以故 如來所說身相 卽非身相

불고수보리하사대
佛告須菩提

"범소유상은 개시허망하나니
凡所有相 皆是虛妄

약견제상비상이면 즉견여래니라"
若見諸相非相 卽見如來

제육품 정신희유분
第六品 正信希有分

수보리 백불언하사대 "세존이시여! 파유중생이 득문여시언설
須菩提白佛言 世尊 頗有衆生 得聞如是言說

장구하고 생실신부이나잇가?"
章句 生實信不

불고수보리하사대 "막작시설하라! 여래멸후후오백세에 유
佛告須菩提 莫作是說 如來滅後後五百歲 有

지계수복자 어차장구에 능생신심하야 이차위실하리라. 당지
持戒修福者 於此章句 能生信心 以此爲實 當知

시인은 불어일불이불삼사오불에 이종선근하고 이어무량천만
是人 不於一佛二佛三四五佛 而種善根 已於無量千萬

불소에 종제선근하야 문시장구하고 내지일념생정신자니라. 수
佛所 種諸善根 聞是章句 乃至一念生淨信者 須

보리여! 여래가 실지실견하나니 시제중생이 득여시무량복덕이니
菩提 如來 悉知悉見 是諸衆生 得如是無量福德

라.하이고오? 시제중생은 무부아상 · 인상 · 중생상 · 수자상하
何以故 是諸衆生 無復我相 人相 衆生相 壽者相

며 무법상하며 역무비법상이니라.하이고오? 시제중생이 약심
無法相 亦無非法相 何以故 是諸衆生 若心

취상이면 즉위착아 · 인 · 중생 · 수자며 약취법상이라도 즉
取相 卽爲着我 人 衆生 壽者 若取法相 卽

착아 · 인 · 중생 · 수자니라. 하이고오? 약취비법상이라도 즉착
着我 人 衆生 壽者 何以故 若取非法相 卽着

아 · 인 · 중생 · 수자니라. 시고로 불응취법이며 불응취비법이
我 人 衆生 壽者 是故 不應取法 不應取非法

니라. 이시의고로 여래상설하사대 여등비구는 지아설법을 여벌
以是義故 如來常設 汝等比丘 知我說法 如筏

유자니 법상응사거늘 하황비법이랴?"
喩者 法尙應捨 何況非法

제칠품 무득무설분
第七品 無得無說分

"수보리여! 어의운하오? 여래득아뇩다라삼먁삼보리야오?
須菩提 於意云何 如來得阿耨多羅三藐三菩提耶

여래 유소설법야오?"
如來有所說法耶

수보리언하사대 "여아해불소설의컨댄 무유정법이 명아뇩다
須菩提言 如我解佛所說義 無有定法 名阿耨多

라삼먁삼보리요 역무유정법이며 여래가설이나이다. 하이고오?
羅三藐三菩提 亦無有定法 如來可說 何以故

여래소설법은 개불가취며 불가설이며 비법이며 비비법이나이
如來所說法 皆不可取 不可說 非法 非非法

다. 소이자하오? 일체현성이 개이무위법으로 이유차별이나이
所以者何 一切賢聖 皆以無爲法 而有差別

다."

제팔품 의법출생분
第八品 依法出生分

"수보리여! 어의운하오? 약인이 만삼천대천세계칠보로 이용
須菩提 於意云何 若人 滿三千大千世界七寶 以用

보시하면 시인의 소득복덕이 영위다부아?"
布施 是人 所得福德 寧爲多不

수보리언하사대 "심다이나이다. 세존이시여! 하이고오? 시복덕
須菩提言 甚多 世尊 何以故 是福德

이 즉비복덕성이라 시고로 여래설복덕다라 하시나이다."
卽非福德性 是故 如來說福德多

"약부유인이 어차경중에 수지내지사구게등하야 위타인설
若復有人 於此經中 受持乃至四句偈等 爲他人說

하면 기복이 승피하리라. 하이고오? 수보리여! 일체제불과 급제
其福 勝彼 何以故 須菩提 一切諸佛 及諸

불의 아뇩다라삼먁삼보리법이 개종차경출이니라. 수보리여! 소
佛 阿耨多羅三藐三菩提法 皆從此經出 須菩提 所

위불법자는 즉비불법이니라."
謂佛法者 卽非佛法

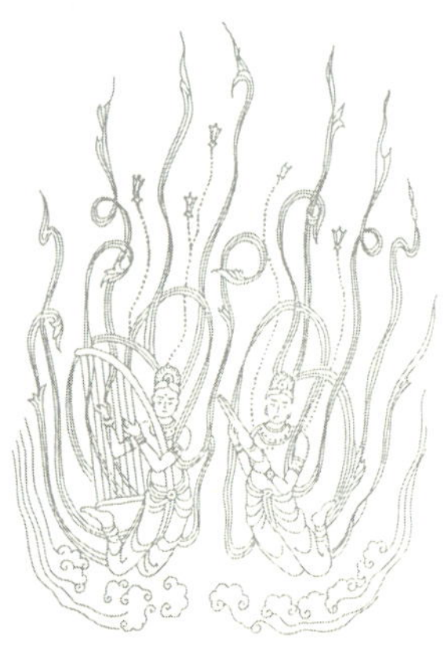

제구품 일상무상분
第九品 一相無相分

"수보리여! 어의운하오? 수다원이 능작시념하되 '아득수다원
須菩提 於意云何 須陀洹 能作是念 我得須陀洹

과' 부아?"
果 不

수보리언하사대 "불야이나이다. 세존이시여! 하이고오? 수다원
須菩提言 不也 世尊 何以故 須陀洹

은 명위입류로되 이무소입하야 불입색성향미촉법이 시명수다
名爲入流 而無所入 不入色聲香味觸法 是名須陀

원이나이다."
洹

"수보리여! 어의운하오?사다함이 능작시념하되 '아득사다
須菩提 於意云何 斯陀含 能作是念 我得斯陀

함과' 부아?"
含果 不

수보리언하사대 "불야이나이다. 세존이시여 하이고오? 사다함
須菩提言 不也 世尊 何以故 斯陀含

은 명일왕래로되 이실무왕래이므로 시명사다함이나이다."
名一往來 而實無往來 是名斯陀含

"수보리여! 어의운하오? 아나함이 능작시념하되 '아득아나
須菩提 於意云何 阿那含 能作是念 我得阿那

함과' 부아?"
含果 不

수보리언하되 "불야이나이다. 세존이시여! 하이고오? 아나함
須菩提言 不也 世尊 何以故 阿那含

은 명위불래로되 이실무불래이므로 시고로 명아나함이나이다."
名爲不來 而實無不來 是故 名阿那含

"수보리여! 어의운하오? 아라한이 능작시념하되 '아득아라
須菩提 於意云何 阿羅漢 能作是念 我得阿羅

한도' 부아?"
漢道 不

수보리언하사대 "불야이나이다. 세존이시여! 하이고오? 실무
須菩提言 不也 世尊 何以故 實無

유법이 명아라한이나이다.
有法 名阿羅漢

세존이시여! 약아라한이 작시념하되 '아득아라한도'라하면
世尊 若阿羅漢 作是念 我得阿羅漢道

즉위착아·인·중생·수자이나이다.
卽爲着我 人 衆生 壽者

세존이시여! 불설아득무쟁삼매하야 인중 최위제일이며 시제
世尊 佛說我得無諍三昧 人中 最爲第一 是第

일이욕아라한이라하시나 세존이시여! 아부작시념하되 아시이욕
一離欲阿羅漢 世尊 我不作是念 我是離欲

아라한이나이다. 세존이시여! 아약작시념하되 '아득아라한도'라
阿羅漢 世尊 我若作是念 我得阿羅漢道

하면 세존즉불설 '수보리시요아란나행자'라. 이수보리가 실
世尊卽不說 須菩提是樂阿蘭那行者 以須菩提 實

무소행이므로 이명수보리시요아란나행이라 하시나이다."
無所行　　　而名須菩提是樂阿蘭那行

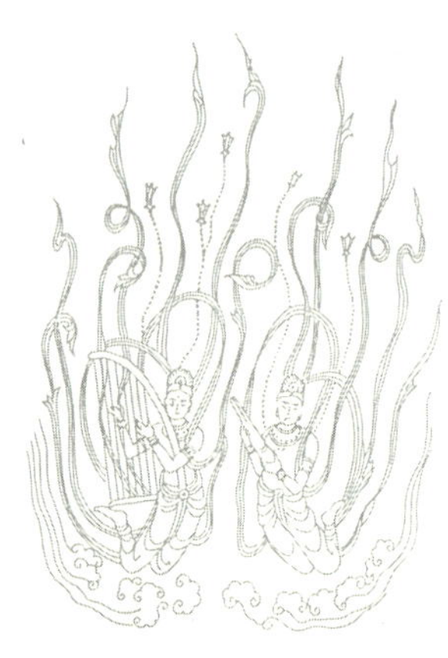

제십품 장엄정토분
第十品 莊嚴淨土分

불고수보리하사대 "어의운하오? 여래 석재연등불소에서 어
佛告須菩提 於意云何 如來 昔在燃燈佛所 於

법유소득부아?"
法有所得不

"불야이나이다. 세존이시여 여래재연등불소에서 어법실무소
不也 世尊 如來在燃燈佛所 於法實無所

득이나이다."
得

"수보리여! 어의운하오? 보살이 장엄불토부아?"
須菩提 於意云何 菩薩 莊嚴佛土不

"불야이나이다. 세존이시여! 하이고오? 장엄불토자는 즉비장
不也 世尊 何以故 莊嚴佛土者 卽非莊

엄이므로 시명장엄이나이다."
嚴 是名莊嚴

"시고로 수보리여! 제보살마하살이 응여시생청정심하되
是故 須菩提 諸菩薩摩訶薩 應如是生淸淨心

불응주색생심하며
不應住色生心

불응주성 · 향 · 미 · 촉 · 법생심하며
不應住聲 香 味 觸 法生心

응무소주하야 이생기심이니라.
應無所住 而生其心

수보리여! 비여유인이 신여수미산왕하면 어의운하오? 시신
須菩提 譬如有人 身如須彌山王 於意云何 是身

이 위대부아?"
爲大不

수보리언하사대 "심대하나이다. 세존이시여! 하이고오? 불설비
須菩提言 甚大 世尊 何以故 佛說非

신이 시명대신이나이다."
身 是名大身

제십일품 무위복승분
第十一品 無爲福勝分

"수보리여! 여항하중소유사수며 여시사등항하를 어의운하
須菩提 如恒河中所有沙數 如是沙等恒河 於意云何

오? 시제항하사가 영위다부아?"
是諸恒河沙 寧爲多不

수보리언하사대 "심다이나이다. 세존이시여! 단제항하도 상다
須菩提言 甚多 世尊 但諸恒河 尙多

무수온대 하황기사이나이까?"
無數 何況其沙

"수보리여! 아금실언으로 고여하노니 약유선남자 선여인이
須菩提 我今實言 告汝 若有善男子 善女人

이칠보로 만이소항하사수 삼천대천세계하여 이용보시하면 득
以七寶 滿爾所恒河沙數 三千大千世界 以用布施 得

복이 다부아?"
福 多不

수보리언하사대 "심다이나이다. 세존이시여!"
須菩提言 甚多 世尊

불고수보리하사대 "약선남자 선여인이 어차경중에 내지수
佛告須菩提 若善男子 善女人 於此經中 乃至受

지사구게등하야 위타인설하면 이차복덕은 승전복덕하니라."
持四句偈等 爲他人說 而此福德 勝前福德

제십이품 존중정교분
第十二品 尊重正教分

"부차 수보리여! 수설시경하되 내지 사구게등하면 당지차
復次 須菩提 隨說是經 乃至 四句偈等 當知此

처는 일체세간천·인·아수라개응공양을 여불탑묘니라. 하황
處 一切世間天 人 阿修羅皆應供養 如佛塔廟 何況

유인이 진능수지독송이니라. 수보리여! 당지 시인은 성취최상
有人 盡能受持讀誦 須菩提 當知 是人 成就最上

제일희유지법이니라. 약시경전소재지처에는 즉위유불이요. 약
第一希有之法 若是經典所在之處 卽爲有佛 若

존중제자이니니라."
尊重弟子

제십삼품 여법수지분
第十三品 如法受持分

이시에 수보리백불언하사대 "세존이시여! 당하명차경이며 아
爾時 須菩提白佛言 世尊 當何名此經 我

등이 운하봉지하오리까?"
等 云何奉持

불고 수보리하사대 "시경은 명위〈금강반야바라밀〉이니 이
佛告 須菩提 是經 名爲 金剛般若波羅蜜 以

시명자로 여당봉지하라. 소이자하오? 수보리여! 불설반야바라
是名字 汝當奉持 所以者何 須菩提 佛說般若波羅

밀이 즉비반야바라밀이며 시명반야바라밀이니라. 수보리여! 어
蜜 卽非般若波羅蜜 是名般若波羅蜜 須菩提 於

의운하오? 여래유소설법부아?"
意云何 如來有所說法不

수보리 백불언하사대 "세존이시여! 여래 무소설이나이다."
須菩提 白佛言 世尊 如來 無所說

"수보리여! 어의운하오? 삼천대천세계에 소유미진이 시위다
須菩提　於意云何　三千大千世界　所有微塵　是爲多

부아?"
不

수보리언하사대 "심다이나이다. 세존이시여!"
須菩提言　甚多　世尊

"수보리여! 제미진을 여래설비미진이 시명미진이니라. 여래설
須菩提　諸微塵　如來說非微塵　是名微塵　如來說

세계가 비세계이니 시명세계이니라. 수보리여! 어의운하오? 가
世界　非世界　是名世界　須菩提　於意云何　可

이삼십이상으로 견여래부아?"
以三十二相　見如來不

"불야이나이다. 세존이시여! 불가이삼십이상으로 득견여래이
不也　世尊　不可以三十二相　得見如來

나이다. 하이고오? 여래설 삼십이상이 즉시비상이며 시명삼십
何以故　如來說三十二相　卽是非相　是名三十

이상이나이다."
二相

"수보리여! 약유선남자 선여인이 이항하사등신명으로 보시
須菩提 若有善男子 善女人 以恒河沙等身命 布施

하고 약부유인이 어차경중에 내지수지사구게등하야 위타인설
若復有人 於此經中 乃至受持四句偈等 爲他人說

하면 기복심다이니라."
其福甚多

제십사품 이상적멸분
第十四品 離相寂滅分

이시에 수보리 문설시경하고 심해의취하여 체루비읍하며 이
爾時 須菩提 聞說是經 深解義趣 涕淚悲泣 而

백불언하사대 "희유세존이시여! 불설여시심심경전하시니 아종
白佛言 希有世尊 佛說如是甚深經典 我從

석래에 소득혜안으로는 미증득문여시지경이나이다.
昔來 所得慧眼 未曾得聞如是之經

세존이시여! 약부유인이 득문시경하고 신심청정하야 즉생실
世尊 若復有人 得聞是經 信心淸淨 卽生實

상하면 당지시인은 성취제일희유공덕이나이다. 세존이시여! 시
相 當知是人 成就第一希有功德 世尊 是

실상자는 즉시비상이므로 시고로 여래 설명실상이나이다.
實相者 卽是非相 是故 如來 說名實相

세존이시여! 아금득문여시경전하고 신해수지는 부족위난이
世尊 我今得聞如是經典 信解受持 不足爲難

나이다. 약당내세후오백세에 기유중생이 득문시경하고 신해수
若當來世後五百歲 其有衆生 得聞是經 信解受

지하면 시인은 즉위제일희유이나이다. 하이고오? 차인은 무아
持 是人 卽爲第一希有 何以故 此人 無我

상·무인상·무중생상·무수자상이나이다. 소이자하오? 아상
相 無人相 無衆生相 無壽者相 所以者何 我相

은 즉시비상이며 인상·중생상·수자상도 즉시비상이나이다.
卽是非相 人相 衆生相 壽者相 卽是非相

하이고오? 이일체제상을 즉명제불이라 하나이다."
何以故 離一切諸相 卽名諸佛

불고수보리하사대 "여시여시하도다. 약부유인이 득문시경하
佛告須菩提 如是如是 若復有人 得聞是經

고 불경 불포 불외하면 당지시인은 심위희유니라. 하이고오? 수
不驚 不怖 不畏 當知是人 甚爲希有 何以故 須

보리여! 여래설제일바라밀이 즉비제일바라밀이요 시명제일
菩提 如來說第一波羅蜜 卽非第一波羅蜜 是名第一

바라밀이니라. 수보리여! 인욕바라밀은 여래설비인욕바라밀이
波羅蜜 須菩提 忍辱波羅蜜 如來說非忍辱波羅蜜

니 시명인욕바라밀이니라. 하이고오? 수보리여! 여아석위가리
是名忍辱波羅蜜 何以故 須菩提 如我昔爲歌利

왕에 할절신체할세 아어이시에 무아상·무인상·무중생상·
王 割截身體 我於爾時 無我相 無人相 無衆生相

무수자상이니라. 하이고오? 아어왕석절절지해시에 약유아상·
無壽者相 何以故 我於往昔節節支解時 若有我相

인상·중생상·수자상이면 응생진한했으리라. 수보리여! 우념과
人相 衆生相 壽者相 應生瞋恨 須菩提 又念過

거어오백세에 작인욕선인할세 어이소세에 무아상·무인상·
去於五百世 作忍辱仙人 於爾所世 無我相 無人相

무중생상·무수자상이였나니라. 시고로 수보리여! 보살은 응리일
無衆生相 無壽者相 是故 須菩提 菩薩 應離一

체상하고 발아뇩다라삼먁삼보리심하고 불응주색생심이며 불
切相 發阿耨多羅三藐三菩提心 不應住色生心 不

응주성·향·미·촉법생심이며 응생무소주심이니라. 약심유
應住聲 香 味 觸法生心 應生無所住心 若心有

주면 즉위비주니라. 시고로 불설보살심 불응주색보시니라. 수
住 卽爲非住 是故 佛說菩薩心 不應住色布施 須

보리여! 보살은 위이익일체중생하야 응여시보시니라. 여래설
菩提 菩薩 爲利益一切衆生 應如是布施 如來說

일체제상이 즉시비상이며 우설일체중생이 즉비중생이니라. 수
一切諸相 卽是非相 又說一切衆生 卽非衆生 須

보리여! 여래는 시진어자며 실어자며 여어자며 불광어자며 불
菩提 如來 是眞語者 實語者 如語者 不狂語者 不

이어자니라. 수보리여! 여래소득법은 차법무실무허니라. 수보
異語者 須菩提 如來所得法 此法無實無虛 須菩

리여! 약보살이 심주어법에 이행보시하면 여인이 입암에 즉무
提 若菩薩 心住於法 而行布施 如人 入闇 卽無

소견이니라. 약보살이 심불주법하고 이행보시하면 여인유목하
所見 若菩薩 心不住法 而行布施 如人有目

고 일광명조하야 견종종색이니라.
日光明照 見種種色

수보리여! 당래지세에 약유선남자 선여인이 능어차경을 수
須菩提 當來之世 若有善男子 善女人 能於此經 受

지독송하면 즉위여래이불지혜로 실지시인하고 실견시인하나
持讀誦 卽爲如來以佛智慧 悉知是人 悉見是人

니 개득성취무량무변공덕이니라."
皆得成就無量無邊功德

제십오품 **지경공덕분**
第十五品 持經功德分

"수보리여! 약유선남자 선여인이 초일분에 이항하사등신으
須菩提 若有善男子 善女人 初日分 以恒河沙等身

로 보시하고 중일분에 부이항하사등신으로 보시하고 후일분에
布施 中日分 復以恒河沙等身 布施 後日分

역이항하사등신으로 보시하며 여시무량백천만억겁을 이신보
亦以恒河沙等身 布施 如是無量百千萬億劫 以身布

시라도 약부유인이 문차경전하고 신심불역하면 기복이 승피니
施 若復有人 聞此經典 信心不逆 其福 勝披

라. 하황서사수지 독송하야 위인해설가?
何況書寫受持 讀誦 爲人解說

수보리여! 이요언지컨대 시경이 유불가사의하고 불가칭량무
須菩提 以要言之 是經 有不可思議 不可稱量無

변공덕이니 여래 위발대승자설이시며 위발최상승자설이나니
邊功德 如來 爲發大乘者說 爲發最上乘者說

라. 약유인이 능수지독송하야 광위인설하면 여래 실지시인하며
若有人 能受持讀誦 廣爲人說 如來悉知是人

실견시인하니 개득성취불가량하고 불가칭하며 무유변 불가사
悉見是人 皆得成就不可量 不可稱 無有邊 不可思

의공덕이니라. 여시인등은 즉위하담여래 아뇩다라삼먁삼보리
議功德 如是人等 卽爲荷擔如來 阿耨多羅三藐三菩提

니라. 하이고오? 수보리여! 약요소법자는 착아견 · 인견 · 중생
何以故 須菩提 若樂小法者 着我見 人見 衆生

견 · 수자견이라 즉어차경을 불능청수독송하야 위인해설이니라.
見 壽者見 卽於此經 不能聽受讀誦 爲人解說

수보리여! 재재처처에 약유차경이면 일체세간 천 · 인 · 아
須菩提 在在處處 若有此經 一切世間 天 人 阿

수라소응공양하리라. 당지차처는 즉위시탑이라. 개응공경하며
修羅所應供養 當知此處 卽爲是塔 皆應恭敬

작례위요하고 이제화향으로 이산기처하리라."
作禮圍繞 以諸華香 而散其處

제십육품 능정업장분
第十六品 能淨業障分

"부차 수보리여! 선남자 선여인이 수지독송차경하되 약위인
復次 須菩提 善男子 善女人 受持讀誦此經 若爲人

경천하면 시인은 선세죄업으로 응타악도언마는 이금세인의 경천
輕賤 是人 先世罪業 應墮惡道 以今世人 輕賤

고로 선세죄업을 즉위소멸하고 당득아뇩다라삼먁삼보리하리라.
故 先世罪業 卽爲消滅 當得阿耨多羅三藐三菩提

수보리여! 아념컨대 과거무량아승지겁에 어연등불전에 득
須菩提 我念 過去無量阿僧祇劫 於燃燈佛前 得

치팔백사천만억나유타제불을 실개공양승사하야 무공과자니
値八百四千萬億那由他諸佛 悉皆供養承事 無空過者

라. 약부유인이 어후말세에 능수지독송차경하면 소득공덕은
若復有人 於後末世 能受持讀誦此經 所得功德

어아소공양제불공덕이 백분불급일이며 천만억분내지산수비
於我所供養諸佛功德 百分不及一 千萬億分乃至算數譬

유로 소불능급이니라.
喩　所不能及

수보리여! 약선남자 선여인이 어후말세에 유수지독송차경
須菩提　若善男子 善女人　於後末世　有受持讀誦此經

하면 소득공덕을 아약구설자하면 혹유인문하고 심즉광란하야
所得功德　我若具說者　或有人聞　心卽狂亂

호의불신하리라. 수보리여! 당지하라. 시경의는 불가사의하며
狐疑不信　須菩提　當知　是經義　不可思議

과보 역불가사의니라."
果報 亦不可思議

제십칠품 구경무아분
第十七品 究竟無我分

이시에 수보리 백불언하사대 "세존이시여! 선남자 선여인이
爾時 須菩提 白佛言 世尊 善男子 善女人

발아뇩다라삼먁삼보리심인데는 운하응주며 운하항복기심하
發阿耨多羅三藐三菩提心 云何應住 云何降伏其心

오리까?"

불고수보리하사대 "약선남자선여인이 발아뇩다라삼먁삼보
佛告須菩提 若善男子善女人 發阿耨多羅三藐三菩

리심자는 당생여시심이니라. 아응멸도일체중생하리라. 멸도일
提心者 當生如是心 我應滅度一切衆生 滅度一

체중생이라도 이무유일중생도 실멸도자니라. 하이고오? 수보
切衆生已 而無有一衆生 實滅度者 何以故 須菩

리여! 약보살이 유아상 · 인상 · 중생상 · 수자상이면 즉비보살
提 若菩薩 有我相 人相 衆生相 壽者相 卽非菩薩

이니라. 소이자하오? 수보리여! 실무유법하니, 발아뇩다라삼먁
所以者何 須菩提 實無有法 發阿耨多羅三藐

삼보리심자니라. 수보리여! 어의운하오? 여래 어연등불소에
三菩提心者 須菩提 於意云何 如來 於燃燈佛所

유법하야 득아뇩다라삼먁삼보리부아?"
有法 得阿耨多羅三藐三菩提不

"불야이나이다. 세존이시여! 여아해불소설의는 불이 어연등
不也 世尊 如我解佛所說義 佛 於燃燈

불소에 무유법으로 득아뇩다라삼먁삼보리하였나이다."
佛所 無有法 得阿耨多羅三藐三菩提

불언하사대 "여시여시로다! 수보리여! 실무유법하야 여래 득아
佛言 如是如是 須菩提 實無有法 如來 得阿

뇩다라삼먁삼보리니라. 수보리여! 약유법하야 여래 득아뇩다
耨多羅三藐三菩提 須菩提 若有法 如來 得阿耨多

라삼먁삼보리자인데는 연등불이 즉불여아수기하되 여어내세
羅三藐三菩提者 燃燈佛 卽不與我授記 汝於來世

에 당득작불하되 호석가모니니라. 이실무유법하야 득아뇩다라
當得作佛 號釋迦牟尼 以實無有法 得阿耨多羅

삼먁삼보리이니 시고로 연등불이 여아수기하시고 작시언하시
三藐三菩提 是故 燃燈佛 與我授記 作是言

되 여어내세에 당득작불하야 호석가모니라하시니라. 하이고오?
汝於來世 當得作佛 號釋迦牟尼 何以故

여래자는 즉제법에 여의니라. 약유인언하되 여래득아뇩다라삼
如來者 卽諸法 如義 若有人言 如來得阿耨多羅三

먁삼보리라도 수보리여! 실무유법하여 불이 득아뇩다라삼먁삼
藐三菩提 須菩提 實無有法 佛 得阿耨多羅三藐三

보리니라. 수보리여! 여래 소득아뇩다라삼먁삼보리는 어시중
菩提 須菩提 如來 所得阿耨多羅三藐三菩提 於是中

에 무실무허니라. 시고로 여래설일체법이 개시불법이니라. 수
無實無虛 是故 如來說一切法 皆是佛法 須

보리여! 소언일체법자는 즉비일체법이므로 시고로 명일체법이
菩提 所言一切法者 卽非一切法 是故 名一切法

니라. 수보리여! 비여인신이 장대니라."
須菩提 譬如人身 長大

수보리언하되 "세존이시여! 여래 설인신장대는 즉위비대신
須菩提言 世尊 如來 說人身長大 卽爲非大身

이며 시명대신이나이다."
是名大身

"수보리여! 보살도 역여시하노라. 약작시언하되 아당멸도무
須菩提 菩薩 亦如是 若作是言 我當滅度無

량중생이라하면 즉불명보살이니라. 하이고오? 수보리여! 실무
量衆生 卽不名菩薩 何以故 須菩提 實無

유법을 명위보살이니라. 시고로 불설일체법에 무아 무인 무중
有法 名爲菩薩 是故 佛說一切法 無我 無人 無衆

생무수자니라. 수보리여! 약보살이 작시언하되 아당장엄불토라
生無壽者 須菩提 若菩薩 作是言 我當莊嚴佛土

하면 시불명보살이니라. 하이고오? 여래 설장엄불토자는 즉비
是不名菩薩 何以故 如來 說莊嚴佛土者 卽非

장엄이며 시명장엄이니라. 수보리여! 약보살이 통달무아법자라
莊嚴 是名莊嚴 須菩提 若菩薩 通達無我法者

면 여래 설명진시보살이니라."
如來 說名眞是菩薩

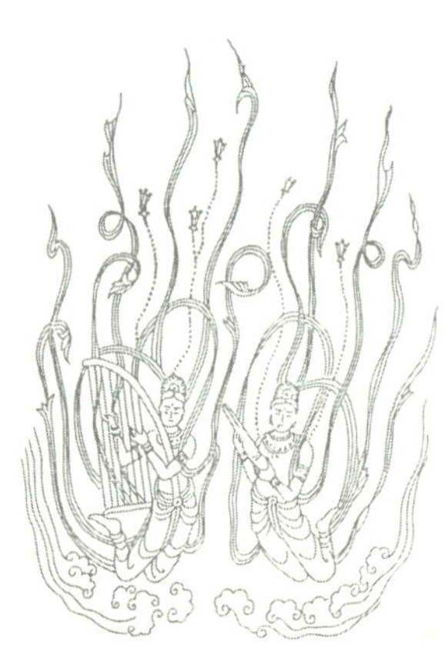

제십팔품 일체동관분
第十八品 一體同觀分

"수보리여! 어의운하오? 여래 유육안부아?"
須菩提 於意云何 如來 有肉眼不

"여시이나이다. 세존이시여! 여래 유육안이나이다."
如是 世尊 如來 有肉眼

"수보리여! 어의운하오? 여래 유천안부아?"
須菩提 於意云何 如來 有天眼不

"여시이나이다. 세존이시여! 여래 유천안이나이다."
如是 世尊 如來 有天眼

"수보리여! 어의운하오? 여래 유혜안부아?"
須菩提 於意云何 如來 有慧眼不

"여시이나이다. 세존이시여! 여래 유혜안이나이다."
如是 世尊 如來 有慧眼

"수보리여! 어의운하오? 여래 유법안부아?"
須菩提 於意云何 如來 有法眼不

"여시이나이다. 세존이시여! 여래 유법안이나이다."
如是　世尊　如來 有法眼

"수보리여! 어의운하오? 여래 유불안부아?"
須菩提　於意云何　如來有佛眼不

"여시이나이다. 세존이시여! 여래 유불안이나이다."
如是　世尊　如來 有佛眼

"수보리여! 어의운하오? 여항하중소유사를 불설시사부아?"
須菩提　於意云何　如恒河中所有沙　佛說是沙不

"여시이나이다. 세존이시여! 여래 설시사이나이다"
如是　世尊　如來 說是沙

"수보리여! 어의운하오? 여일항하중소유사하야 유여시사등
須菩提　於意云何　如一恒河中所有沙　有如是沙等

항하어든 시제항하의 소유사수 불세계가 여시하면 영위다부
恒河　是諸恒河　所有沙數 佛世界　如是　寧爲多不

아?"

"심다이나이다. 세존이시여!"
甚多 世尊

불고수보리하사대
佛告須菩提

"이소국토중에 소유중생의 약간종심을 여래실지하나니라.
爾所國土中 所有衆生 若干種心 如來悉知

하이고오? 여래설제심이 개위비심이라 시명위심이니라. 소이
何以故 如來說諸心 皆爲非心 是名爲心 所以

자하오? 수보리여! 과거심불가득이며 현재심불가득이며
者何 須菩提 過去心不可得 現在心不可得

미래심불가득이니라."
未來心不可得

제십구품 **법계통화분**
第十九品 法界通化分

"수보리여! 어의운하오? 약유인이 만삼천대천세계칠보로 이
須菩提 於意云何 若有人 滿三千大千世界七寶 以

용보시하면 시인은 이시인연으로 득복이 다부아?"
用布施 是人 以是因緣 得福 多不

"여시이나이다. 세존이시여! 차인은 이시인연으로 득복이 심
如是 世尊 此人 以是因緣 得福 甚

다이나이다."
多

"수보리여! 약복덕이 유실이면 여래불설득복덕다하니 이복
須菩提 若福德 有實 如來不說得福德多 以福

덕무고로 여래설득복덕다하니라."
德無故 如來說得福德多

제이십품 이색이상분
第二十品 離色離相分

"수보리여! 어의운하오? 불을 가이구족색신으로 견부아?"
須菩提 於意云何 佛 可以具足色身 見不

"불야이나이다. 세존이시여! 여래를 불응이구족색신견이나이
不也 世尊 如來 不應以具足色身見

다. 하이고오? 여래 설구족색신은 즉비구족색신이며 시명구족
何以故 如來 說具足色身 卽非具足色身 是名具足

색신이나이다."
色身

"수보리여! 어의운하오? 여래를 가이구족제상으로 견부아?"
須菩提 於意云何 如來 可以具足諸相 見不

"불야이나이다. 세존이시여! 여래를 불응이구족제상견이나이다. 하
不也 世尊 如來 不應以具足諸相見 何

이고오? 여래 설제상구족은 즉비구족이라 시명제상구족이나이다."
以故 如來 說諸相具足 卽非具足 是名諸相具足

제이십일품 **비설소설분**
第二十一品 非說所說分

"수보리여! 여물위여래작시념하되 아당유소설법이라 막작
須菩提 汝勿謂如來作是念 我當有所說法 莫作

시념하라. 하이고오? 약인언하대 여래 유소설법이라하면 즉위
是念 何以故 若人言 如來 有所說法 卽爲

방불이며 불능해아소설고니라. 수보리여! 설법자는 무법가설이
謗佛 不能解我所說故 須菩提 說法者 無法可說

시명설법이니라."
是名說法

이시에 혜명수보리 백불언하사대 "세존이시여! 파유중생이
爾時 慧命須菩提 白佛言 世尊 頗有衆生

어미래세에 문설시법하고 생신심부이나이까?"
於未來世 聞說是法 生信心不

불언하사대 "수보리여! 피비중생이며 비불중생이니라. 하이고
佛言 須菩提 彼非衆生 非不衆生 何以故

오? 수보리여! 중생 중생자는여래 설비중생이 시명중생이니라."
須菩提 衆生 衆生者 如來 說非衆生 是名衆生

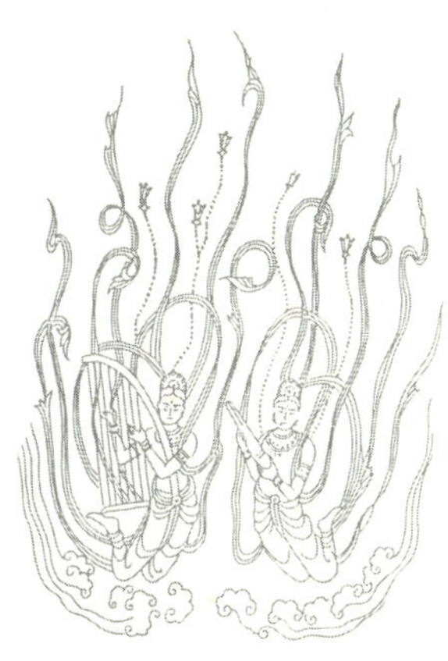

제이십이품 무법가득분
第二十二品 無法可得分

수보리 백불언하사대 "세존이시여! 불득아뇩다라삼먁삼보리
須菩提 白佛言 世尊 佛得阿耨多羅三藐三菩提

는 위무소득야이나이까?"
爲無所得耶

불언하사대 "여시여시로다. 수보리여! 아어아뇩다라삼먁삼
佛言 如是如是 須菩提 我於阿耨多羅三藐三

보리며 내지무유소법가득이니 시명아뇩다라삼먁삼보리니라."
菩提 乃至無有少法可得 是名阿耨多羅三藐三菩提

제이십삼품 정심행선분
第二十三品 淨心行善分

"부차 수보리여! 시법이 평등하야 무유고하이니 시명아뇩다
復次 須菩提 是法 平等 無有高下 是名阿耨多
라삼먁삼보리니라. 이무아 · 무인 · 무중생 · 무수자하고 수일
羅三藐三菩提 以無我 無人 無衆生 無壽者 修一
체선법하면 즉득아뇩다라삼먁삼보리니라. 수보리여! 소언선법
切善法 卽得阿耨多羅三藐三菩提 須菩提 所言善法
자는 여래 설즉비선법이니 시명선법이니라."
者 如來 說卽非善法 是名善法

제이십사품 복지무비분
第二十四品 福智無比分

"수보리여! 약삼천대천세계중에 소유제수미산왕의 여시등
須菩提 若三千大千世界中 所有諸須彌山王 如是等

칠보취로 유인이 지용보시하고 약인이 이차반야바라밀경과
七寶聚 有人 持用布施 若人 以此般若波羅蜜經

내지사구게등을 수지독송하야 위타인설하면 어전복덕은 백분
乃至四句偈等 受持讀誦 爲他人說 於前福德 百分

에 불급일이며 백천만억분, 내지산수비유로 소불능급이니라."
不及一 百千萬億分 乃至算數譬喩 所不能及

제이십오품 화무소화분
第二十五品 化無所化分

"수보리여! 어의운하오? 여등물위여래작시념하되 아당도중
須菩提 於意云何 汝等勿謂如來作是念 我當度衆

생이라 수보리여! 막작시념하라. 하이고오? 실무유중생 여래
生 須菩提 莫作是念 何以故 實無有衆生 如來

도자니라. 약유중생 여래도자면 여래도 즉유아인·중생·수
度者 若有衆生 如來度者 如來 卽有我人 衆生 壽

자니라. 수보리여! 여래 설유아자는 즉비유아이니이범부지인이
者 須菩提 如來 說有我者 卽非有我 而凡夫之人

이위유아하나니라. 수보리여! 범부자는 여래 설즉비범부이니
以爲有我 須菩提 凡夫者 如來 說卽非凡夫

시명범부니라."
是名凡夫

제이십육품 **법신비상분**
第二十六品 法身非相分

"수보리여! 어의운하오? 가이삼십이상으로 관여래부아?"
須菩提 於意云何 可以三十二相 觀如來不

수보리언하사대 "여시여시하나이다. 이삼십이상으로 관여래이나이다."
須菩提言 如是如是 以三十二相 觀如來

불언하사대 "수보리여! 약이삼십이상으로 관여래자이면 전륜성왕이 즉시여래이리라."
佛言 須菩提 若以三十二相 觀如來者 轉輪聖王 卽是如來

수보리 백불언하사대 "세존이시여! 여아해불소설의로는 불응이삼십이상으로 관여래이나이다."
須菩提 白佛言 世尊 如我解佛所說義 不應以三十二相 觀如來

이시에 세존이 이설게언하사대
爾時 世尊 而說偈言

"약이색견아커나 이음성구아하면
若以色見我 以音聲求我

시인행사도라 불능견여래니라."
是人行邪道 不能見如來

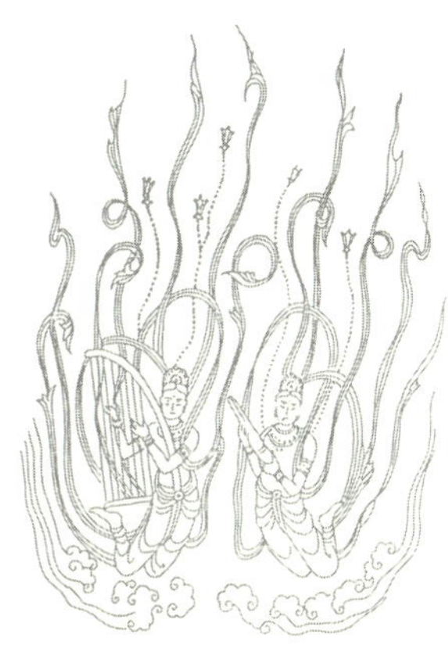

제이십칠품 무단무멸분
第二十七品 無斷無滅分

"수보리여! 여약작시념하되 여래 불이구족상고로 득아뇩다
須菩提 汝若作是念 如來 不以具足相故 得阿耨多

라삼먁삼보리라. 수보리여! 막작시념하라. 여래 불이구족상고
羅三藐三菩提 須菩提 莫作是念 如來 不以具足相故

로 득아뇩다라삼먁삼보리니라. 수보리여! 여약작시념하되 발
得阿耨多羅三藐三菩提 須菩提 汝若作是念 發

아뇩다라삼먁삼보리심자는 설제법단멸이라고 막작시념하라.
阿耨多羅三藐三菩提心者 說諸法斷滅 莫作是念

하이고오? 발아뇩다라삼먁삼보리심자는 어법에 불설단멸상
何以故 發阿耨多羅三藐三菩提心者 於法 不說斷滅相

이니라."

제이십팔품 불수불탐분
第二十八品 不受不貪分

"수보리여! 약보살이 이만항하사등세계칠보로 지용보시어
須菩提 若菩薩 以滿恒河沙等世界七寶 持用布施

든 약부유인이 지일체법무아하야 득성어인하면 차보살은 승전
若復有人 知一切法無我 得成於忍 此菩薩 勝前

보살의 소득공덕이니라. 하이고오? 수보리여! 이제보살은 불수
菩薩 所得功德 何以故 須菩提 以諸菩薩 不受

복덕고니라."
福德故

수보리 백불언하사대 "세존이시여! 운하보살이 불수복덕이나이까?"
須菩提白佛言 世尊 云何菩薩 不受福德

"수보리여! 보살은 소작복덕을 불응탐착이니 시고로 설불수
須菩提 菩薩 所作福德 不應貪着 是故 說不受

복덕이니라."
福德

제이십구품 위의적정분
第二十九品 威儀寂靜分

"수보리여! 약유인이 언하되 여래 약래 약거 약좌 약와라하면
須菩提 若有人 言 如來若來 若去 若坐 若臥

시인은 불해아소설의니라. 하이고오? 여래자는 무소종래며 역
是人 不解我所說義 何以故 如來者 無所從來 亦

무소거라 고명여래니라."
無所去 故名如來

제삼십품 일합상리분
第三十品 一合理相分

"수보리여! 약선남자 선여인이 이삼천대천세계를 쇄위미진
須菩提 若善男子 善女人 以三千大千世界 碎爲微塵

하면 어의운하오? 시미진중이 영위다부아?"
於意云何 是微塵衆 寧爲多不

수보리언하사대 "심다이나이다. 세존이시여! 하이고오? 약시
須菩提言 甚多 世尊 何以故 若是

미진중이 실유자라면 불이 즉불설시미진중이라. 소이자하오?
微塵衆 實有者 佛 卽不說是微塵衆 所以者何

불설미진중이 즉비미진중이요, 시명미진중이나이다. 세존이시여!
佛說微塵衆 卽非微塵衆 是名微塵衆 世尊

여래소설삼천대천세계는 즉비세계요 시명세계이나이다. 하이
如來所說三千大千世界 卽非世界 是名世界 何以

고오? 약세계가 실유자이면 즉시일합상이나이다. 여래설일합
故 若世界 實有者 卽是一合相 如來說一合

상은 즉비일합상이요 시명일합상이나이다."
相 卽非一合相 是名一合相

"수보리여! 일합상자는 즉시불가설이언마는 단범부지인은
須菩提 一合相者 卽是不可說 但凡夫之人

탐착기사니라."
貪着其事

제삼십일품 지견불생분
第三十一品 知見不生分

"수보리여! 약인이 언하대 불설아견·인견·중생견·수자
須菩提 若人 言 佛說我見 人見 衆生見 壽者
견이라면 수보리여! 어의운하오? 시인은 해아소설의부아?"
見 須菩提 於意云何 是人 解我所說義不

"불야이나이다. 세존이시여! 시인은 불해여래소설의이나이다.
不也 世尊 是人 不解如來所說義
하이고오? 세존이시여! 설아견·인견·중생견·수자견은 즉비
何以故 世尊 說我見 人見 衆生見 壽者見 卽非
아견·인견·중생견·수자견이라 시명아견·인견·중생견·
我見 人見 衆生見 壽者見 是名我見 人見 衆生見
수자견이나이다."
壽者見

"수보리여! 발아뇩다라삼먁삼보리심자는 어일체법에 응여
須菩提 發阿耨多羅三藐三菩提心者 於一切法 應如

시지하고 여시견이며 여시신해하야 불생법상이니라. 수보리여!
是知 如是見 如是信解 不生法相 須菩提

소언법상자는 여래 설즉비법상이니 시명법상이니라."
所言法相者 如來說卽非法相 是名法相

제삼십이품 응화비진분
第三十二品 應化非眞分

“수보리여! 약유인이 이만무량아승지세계칠보로 지용보시
須菩提 若有人 以滿無量阿僧祇世界七寶 持用布施

하고 약유선남자 선여인이 발보살심자 지어차경하고 내지사
若有善男子 善女人 發菩薩心者 持於此經 乃至四

구게등을 수지독송하야 위인연설하면 기복이승피니라. 운하위
句偈等 受持讀誦 爲人演說 其福 勝彼 云何爲

인연설고? 불취어상하야 여여부동이니라. 하이고오?
人演說 不取於相 如如不動 何以故

일체유위법은 여몽환포영하며,
一切有爲法 如夢幻泡影

여로역여전하니 응작여시관이니라.”
如露亦如電 應作如是觀

불설시경이하시니 장로수보리와 급제비구비구니, 우바새 우
佛說是經已 長老須菩提 及諸比丘比丘尼 優婆塞 優

바니, 일체세간 천인 아수라문불소설하고 개대환희하야 신수
婆夷 一切世間 天人 阿修羅聞佛所說 皆大歡喜 信受

봉행하시다.
奉行

-금강반야바라밀경 종-
金剛般若波羅蜜經 終

부 록

금강반야바라밀경 용어해설편

여시아문(如是我聞) : "이와같이 내가 들었다"의 뜻.
부처님께서 열반에 드시려하자 아난 존자가 부처님께 묻기를 "부처님께서 떠나시면 그동안 말씀했던 것을 기록으로 남기려 하는데 다른 사람이 과연 믿겠습니까?" 하니까 부처님께서 "이와같이如是"를 붙이라고했다.
"내가 들었다 我聞"은 아난존자가 부처님이 말씀하신것을 하나도 빠뜨리지 않고 기억했다가 기록한 경전들이며 "如是我聞"이 첫머리를 시작한다.
"여시아문"으로 시작하는 경전은 부처님의 말씀이며 그대로 믿고 의심하지 않으며 교법을 그대로 순종하라는 의미와 "여시(如是)"는 모든 경의 "짜임새(一法体)"뜻이 포함 되어있다.

사위국(舍衛國) : 범어 실라바스티(śrāvasti). 중인도 교살라국의 성곽도시.
지금의 콘다(condā) 주의 셋트마헷트(setmahet)
부처님이 계실때 능엄경에 등장하는 (파사닉) 왕과 (유리) 왕이 살았다.

기수급고독원(祇樹給孤獨園) : 석가모니 부처님께서 25년간 머물면서 설법하고 제자들과 함께 살았던 곳 사위성에서 남쪽으로 1마일정도 떨어진곳.
기수원 · 기원 · 급고독원 이라고도 불리우고 통상 기원정사라 고도함. 어려운 사람을 돕기를 좋아했던 덕높은 사람이 있었는데 '고독한 자에게 나누어 준다 급고독(給孤獨)' 이란 이름의 이 장자가 재물을 내어서 태자 기타(祇陀)의 숲(樹)에 부처님이 생활할 수 있는 정사(精舍)를 지었다하여 그 두 사람의 이름을 따 지은것.

장노(長老) **수보리**(須菩提) : 범어로 수보례 subhūt
부처님의 10대 제자 가운데 한분.
온갖 법이 공(空)한 이치를 깨달은 첫째가는 이.
장노란 지혜와 학식과 덕망을 갖춘 수행자.

여래(如來) : 범어로 타타가타(Tathāgata)
부처님 열가지의 명호중의 하나.
tatha 진실,진리 여실(如實)의 뜻.
gatha는 가다(去)의 뜻.
āgatha 는 오다(來)의 뜻. 그러므로 ①tatha+gata는 지금까지의 부처님네들과 같은 길을 걸어서 열반,피안에 간 사람이라는 뜻. 도피안(到彼岸)과 같은뜻.
②tatha+āgata는 진리에 도달한 사람이라는 뜻. 전생부터 열심히 공부하여 (인격의 완성자)인 부처님이 되었다는 뜻이며 (佛)과 같은 의미로 이해한다.

마하살(摩訶薩) : 마하살타의 준말.
마하-크다를 붙여 큰(大)보살이라는뜻.

보살(菩薩) : 범어로 보디사트바 Badhisattva

또는 보리살타를 줄인말.
재가 · 출가를 막론하고 대승법을 수행하는 이는 모두 보살이라고한다. 4홍서원을 내어 6바라밀을 수행하고 위로는 지혜를 구하고 아래로는 중생을 교화 하려는 원력을 세워서 깨달음을 얻으려 수행하는이.

아뇩다라삼먁삼보리(阿耨多羅三藐三菩提) : 위없이 평등하고 바르게 깨우친 경지.
아뇩다라(anuttara)-무상(無上) 위가없다.
삼먁(samyak)-정등(正等) 바르고 평등하다. 높고 낮음이 없다.
삼보리(sambodh)-정각(正覺) 진리를 깨달은 부처님의 경지.

세존(世尊) : 범어로 바가바트(Bhagavat)
로가나라(Lokanātha),로가야슬타(Lokajyestha)라 음역.
부처님 열가지 명호 가운데 하나. 부처님은 온갖 공덕을 원만히 갖추어서 세상을 이익케 하시고 세간에서 존중받으시므로 세존이라 하고 세상에서 가장 높으시므로 이렇게 부름.
석존(釋尊)-석가세존의 준말이며,동일함.

보시(布施) : 포시라고 발음해야 옳을듯한데 오래전부터 보시라고 해왔음.
단나(Dāna)라 음역. 6바라밀중의 하나. 자비심으로써 다른이에게 조건없이 물건을 줌. 이것을 재시(財施)라 하고 법시 · 무외시등 많은종류의 보시가 있음.

시방세계(十方世界) : 동 · 서 · 남 · 북 · 동북 · 동남 · 서남 · 서북과 중심의 상과 하의 열군데에 있는 무수한 세계.

4구게(四句偈) : 네구절의 게송.
이경에서 4구게는 영원히 변치 않는 진리의 말씀.
1句-제5품의 "범소유상 개시허망,약견 제상비상,즉견여래"
2句-제10품의 "불응주색생심,불응주성향미촉법생심,응무소주이생기심"
3句-제25품의 "약이 색견아,이음성구아,시인사행도,불능견여래"
4句-제32품의 "일체유위법,여몽환포영,여로역여진, 응작여시관"

삼천대천세계(三千大千世界) : 한없이 크다는것을 상징적으로 표현한 말.
수미산을 중심으로 동서남북 4대주가 있는 세계의 천배가 소천세계, 소천세계를 천개 합한것을 중천세계, 중천세계를 천개합한것을 대천세계 즉 이것이 삼천대천세계라 한다.

칠보(七宝) : 삽타-라트나(Sapta-ratna)
일곱종류의 보옥 ①금 ②은 ③유리-검푸른 옥 ④파려-수정 ⑤자거-백산호 ⑥적주-붉은진주 ⑦마노-짙은녹색의 보옥

불법(佛法) : 부처님이 말씀하신 교법.

아상(我相) : 「나」라고 하는 상(相).
네가지 상(相)가운데 하나. 5온이 화합하여 조직된 것을 실아(實我)가 있다고 하고 또 내것이 있는것으로 생각하는것.
상(相)이란 현상으로서, 심리적 측면에서 「관념」이라 할 수 있음. 이러한 견해를 아견(我見)이라 함.

인상(人相) : 「사람」이라고 하는 상(相).
네가지 상(相)가운데 하나. 5온의 화합으로 말미암아 생긴것 가운데 악업을 짓고 지옥에 갈 사람이나, 축생의 업보다 다르다고 집착하는 견해. 아상(我相)이 「나」라는 관념이라면 인상(人相)은 「나」와 「너」의 관념임. 이러한 견해가 인견(人見).

중생상(衆生相) : 네가지 상(相)가운데 하나.
이 중생상에는 인류나 사회의 구성 요건인 「나」와 「너」를 가르고 그렇게 생기는 마음이 「우리들」인데, 그처럼 아상과 인상을 구분 지으면 중생상이 따른다.이러한 견해가 중생견(衆生見).

수자상(壽者相) : 네가지 상(相)가운데 하나.
우리는 선천적으로 짧던 길던간에 일정한 목숨(수명)을 받았다고 생각하는 견해.
스스로 잘 났다고 뽐 내거나 오래 살 것이라고 의시대는 것 등을 수자상 · 수자견(見)이라 함.

수다원(須陀洹) : 범어 Srotāpanna
아난이나 수보리등을 성문(聲聞)이라하는데, 소승의 교법을 수행하는 성문에는 네가지의 과위(果位)가 있는데 처음의 나한(初果羅漢)이 수다원이며 바로 예류과(預流果)의 범어 이름이다.
예류란 성인의 흐름으로 들어간다는 입류(入流)를 뜻하며 성인의 대오에 들어선 것을 말한다.

사다함(斯陀含) : 범어 Sakṛdāgāmin
성문 4과중 2과에 해당되는 일래과(一來果)의 범어이름. 단한번 인간세상에 와서 공부해야할 지위. 사혹〈(思惑)=탐(貪) · 진(瞋) · 치(痴) · 만(慢) · 의(疑)〉의 뿌리를 일부는 뽑혔으나 다 끊지 못해 단하번만 욕계에 와서 나머지를 닦고 청정한 곳으로 가게 되는 지위.

아나함(阿那含) : Anāgāmin의 음역을 줄여서 아나함이라고 하고 성문 4과중 3과로써 불환과(不還果) 또는 불래과(不來果) 즉 다시 돌아오지 않는다 뜻.
욕계에서 죽어 색계 무색계에 나고서 번뇌가 없어져 다시 인간세상에 오지않는 지위.

아라한(阿羅漢) : 범어 Arhan
성문 4과의 가장 윗자리 4과로써 응공(応供) · 살적(殺賊) · 불생(不生) · 이악(離惡)의 뜻.
공부가 완성되어 존경과 공양을 받을 수 있는 성인의 지위.

부처님의 다른 이름이기도 하다.

아란나(阿蘭那) : 범어 Aranya
아란야의 음역. 시끄러움이 없는 한적한 곳으로 수행하기에 알맞은 숲속이나 경치 좋은 들판, 모래사장등을 가르키는 말.

연등불(燃燈佛) : Dipaṅkara-Tathāgata
석가모니부처님 이전에 계셨던 전설적인 부처님 24명중 한분으로 정광불(淨光佛)이라고도 함.
세존이 과거세에 보살이 되는 공부를 열심히 닦을때 이 연등불이 석존에게 「너는 후세에 석가족에 태어나 성인이 되리라」고 예언을 했다.

수미산왕(須彌山王) : Sumeru-Parvatra
우주관을 이야기할 때 큰것으로 비교되는 상상의 신이다.
이 세계의 밑에는 풍륜(風輪)이 있고 그 위에 수륜(水輪)이 있고, 그위에 금륜(金輪)이 있으며, 그위에 아홉개의 산과 여덟개의 바다가 있다. 그 중심에 우뚝솟아 있는 산이 수미산이다. 따라서 우주에서 제일 높고 크며 중심이 되는 산. 해와 달이 이산의 중턱에서 돌고 정상에는 제석천(帝釋天)이 중간에 사천왕(四天王)이 살고 있으며, 우리 인간들이 이 세계에 살고 있다는 것이다.

법신(法身) : 육체적인 것이 아닌 정신적인 몸을 말함.
육체적인 것은 형상. 형체가 있지만 정신적인 몸은 형체가 없으므로 물량이나 숫자로 잴수가 없을만큼 크다.

갠지스강(Ganges 또는 Ganga) : 인도와 중국대륙을 갈라놓은 만년설인 히말라야산맥 (약3,000km)을 따라 인도의 서북쪽에서 동남쪽으로 흐르는 강. 전체 길이가 약 2,500km. 인도문명을 탄생시키고 종교.철학의 본고장이기도 하다.
부처님은 많은 수나, 한량없는 수량등을 비유할때 이 갠지스강과 간지스강의 모래를 예로 든다. 참고로 히말라야에서 서남쪽으로 흐르는 강을 인더스(Indus)강이라 하고 이 두강이 인도문화 · 문명을 키운 젖줄이기도 하다.

반야바라밀(般若波羅蜜) : Prajnaparamita
prajna : 지혜.
paramita : 더 높은 곳, 더 좋은 곳으로 「건너가다」 라는 뜻.
부처님이 맨처음 말씀하신 삼법인(모든 것은 변한다. 따라서 모든 것은 진실된 자기가 없다. 이러한 이치를 터득하고 체득하면 바로 그것이 부처다)과 사성제(고 · 집 · 멸 · 도 · 8정도), 12인연법을 터득하고 더 나아가 체득해서 이 고통의 세계를 벗어나게 하는 지혜 공부를 반야바라밀이라고 한다. 대반야경에 600권이 있으며, 270자의 마하반야바라밀다심경은 일반적으로 불자들이 외우고 있는 짧은 경이다.

32상(三十二相) : Dvatrimsatmahapurusa-laksanani

32상 · 80종호 · 33응신등으로 부처님의 몸을 장엄한 것인데, 모두 방편법으로 이해하면 된다. 이러한 몸을 통하여 진리의 법신을 체득하는 공부가 금강경이다.
※32상(相) 80종호(種好) : 부처님의 몸에 32가지의 특이한 형상을 갖춘것. 좀더 세분하여 80가지의 좋은 모습을 말함.
32상은 발에 다섯가지, 손에 4, 몸뚱이에 4, 눈에 3, 치아 3, 몸에서 나는 털 2등 21가지와 머리.얼굴.혀.팔.살결.남근.키.목소리.어깨.겨드랑이.목구멍에 각각 1가지씩이 보통사람과 다른 상호를 가지고 있다.
80종호는 손과 발에 16, 몸매 12, 입 7, 눈 6, 머리 6, 얼굴.5, 배.배꼽 3, 귀 2, 남근 1, 코1등 59종과 기타 21가지가 보통사람보다 좋은 형태를 가지고 있음.

공덕(功德) : Guna 복덕과 같은 뜻인데 공은 주는것, 베푸는 것, 도움을 주는 것을 말하고 덕은 그렇게 배푼것이 자기에게 되돌아 오는것을 말한다.
공을 베풀고 복을 닦아야 덕이 돌아온다.

제일(第一)**바라밀** : Paramita 이상향의 경지 · 부처님 · 깨달음의 경지, 즉 사바세계인 이쪽에서 저쪽세계로 가기 위한 여러가지 방편의 길 수행방법을 통털어 바라밀이라 하고, 제일바라밀은 6바라밀중 첫번째의 보시바라밀(布施波羅蜜)을 말한다.

인욕(忍辱)**바라밀** : Kṣāntipāramitā 6바라밀중 세번째로서 온갖 모욕과 고통을 참고 견디어 원한이나 슬픔을 일으키지 않는 수행을 말함. 모든 상을 없애는 공부.참고 있다는 의식까지도 없애는 공부다.

가리왕(歌利王)Kali : 가장 악한 왕이라는 뜻을 가지고 있다.
전생에 세존이 인욕선인이 될 공부를 할때의 이야기.
가리왕이 많은 신하와 궁녀들을 데리고 산으로 사냥을 갔다가, 점심후 잠자는 사이에 궁녀들은 인욕공부하는 세존을 보고 꽃을 바치며 배례를 하였다. 그 모습을 본 가리왕이 궁녀를 유혹한 출가자로 알고 갖은 고문과 채찍을 가했다. 몸을 칼로 찌르고 살을 베어내고 뼈의 마디마디를 잘라냈다. 이래도 세존께서는 태연하게 가리왕에게 말하였다.「너는 여자때문에 내몸을 이토록 토막을 냈으나 나는 여자를 탐낸 일이 없다. 내가 내세에 불도를 성취하는 날 반드시 지혜의 칼로 너의 그 극악무도한 마음을 끊어놓으리라」고 조용히 꾸짖었다.

백천억겁(百千億劫) : Kalpa-koti-niyuta-sata-sagasrany
코티 : 십만억,나유타 또는 나유타: 조(兆)
사타 : 백,사하스라 : 천 백×천×만×십만×억×조 의 뜻으로 상상할 수 없는 무한한 수.
겁 : 일겁은 범천에서 하루이고 인간 세계에서는 4억 3200만년이다. 둘레가 40리 되는 성안에 겨자씨를 꽉 채워 놓고 장수천인이 3년에 한알씩 가져가서 모두가 없어질 때까지의 시간을 1겨자겁이라고 한다. 상상을 초월하는 수와 시간을 뜻한다.

대승 · 최상승(大乘 · 最上乘) : Mahāyāna
모든 중생을 한꺼번에 많이 이 괴로움의 바다를 건너게 한다는 뜻. 최상승은 대승가운데에서도 더욱 높은 것을 말함. 반대되는 말로 소승(Hināyāna)이 있는데 자기 한몸만을 생각하는 사람, 상에 직잡하는 사람을 뜻한다.

아승지겁(阿僧祇劫) : Asaṃkhya
산수 · 수학으로는 계산할 수 없이 많다는 말. 거기에다 겁을 곱했으니 실로 상상으로는 계산이 않되는 많은 수이다.

나유타(那由他) : Nayuta 또는 Niyuta
1천억의 10배인 1조를 나유타라 하고, 불교에서 더욱 많다는 것을 과장법으로 표현할 때 앞에 84를 붙인다. 팔만4천, 8백4천만억등

말세(末世) : 말세라고하면 말법의시대 즉 선보다는 악이 성행하는 시대

모든법(一切法) : 삼라만상의 모든 대상과 현상들을 말함.

제행무상(諸行無常) : 「삼라만상의 모든 대상들은 시간적으로 · 공간적으로 항상 그대로 있는것은 하나도 없다」라고 신달타가 부처님이 되신이후 맨처음 설명한 삼법인(三法印)중 첫번째 진리의 말씀.

제법무아(諸法無我) : 삼법인중 두번째 진리의 말씀으로 「변화하기 때문에 진실로 변하지 않는 "나"는 없다」라는 진리의 말씀.

색신(色身) : 형상이 있는 몸 · 몸뚱이를 말함.

법신(法身) : 형형상도 빛깔도 없는 진리의 당체를 말함.

혜명(慧命) : Ayusmant 장수(長壽)라는 뜻이지만 이름자 앞에 붙여서 존칭하는 의미로도 쓴다. 장노 · 대덕 · 존자등으로도 쓴다.

십선법(十善法) : 십선업이라고도 하는데 사람의 행동을 크게 세가지로 나누어 설명한다. 몸뚱이로는 살생 · 도둑질 · 음행 또는 사음의 세가지 행동이었고, 입으로는 망녕된 말 · 두가지 말로 이간시키는 것, 욕설하는 것, 꾸며서 하는말 등 네가지가 있으며, 생각 · 마음으로는 탐욕심 · 화내는것 · 어리석은것 등 모두 열가지가 있다. 이상 10가지를 착하게 행동하면 십선업이 되고 나쁘게 행동하면 십악(十惡)이 된다.

전륜성왕(轉輪聖王)Cakra-Varti-Rāja 수레를 굴리는 왕이

란 말로써 전설적인 왕이다. 하늘을 나르기도 하고 땅의 어느 곳이든 굴러가는 수레를 타고 있으며, 부처님처럼 32상은 갖추고 있으나 그상을 벗어나지 못했다. 즉 아뇩다라삼먁삼보리의 성취를 남겨놓은 왕이다.

일합상(一合相) : Pinda-grāha
모든것을 묶어서 한 개 · 전체로 보고, 그것의 실체가 있는 것으로 집착하는 생각을 말한다.
티끌 · 먼지들이 어떤 인연으로 모여서 물질계를 만든것을 일합상이라고 하고 그 인연이 다되면 다시 흩어지는 현상을 가화합(假和合)이라 한다.

오온(五蘊) : Pañca Skandha
5취온(五取蘊) · 5음(陰) · 5중(衆)이라고도 한다.
온은 모아서 쌓은것. 즉 화합하여 모인것. 생멸하고 변화하는 것을 종류대로 모아서 다섯 종류로 나누어 구별.
색온(色蘊)은 스스로 변화하고 또 다른것을 장애하는 물체 등을 뜻하고, 수온(受蘊)은 좋고 나쁨등을 판단하여 받아들이는 마음을 말하며, 상온(想蘊)은 외계(外界)의 사물을 마음속으로 받아들이고 그것을 상상하여 보는 마음의 작용하는 것을 뜻한다. 행온(行蘊)은 인연으로 생겨나서 시간적으로 변천하는 것을 뜻하고, 식온(識蘊)은 의식하고 분별하는 작용을 말한다.

법상(法相) : 불교 용어에서의 법(法)이란, 일체의 이치 또는 일체의 일 이나 사물 그리고 일체의 견해나 관념을 일컬음.
이러한 것들을 하나의 모양으로 귀결지은 것을 법상이라 함.
이 경에서 주장 하는것은 이러한 상을 내지말라(不生法相)임.

우바새(優婆塞) : Upāsaka : 선남자 · 청신사라고 번역함.
일반 속가에서 생활하며 삼귀의계와 오계를 받고 철저히 지키면서 부처님 공부를 하는 남자를 말함.

우바이(優婆夷) : Upāsikā : 선녀인 · 청신녀라고 번역함.
삼귀의계와 오계를 받고 속가에 살면서 부처님 공부를 열심히 하는 여자를 말함.

천인 : Apsara : 비천(飛天) · 낙천(樂天)이라고도 하는데 하늘을 날으며 음악을 연주하고 꽃을 뿌리는 환상적인 사람이다. 닦은 복이 다되면 꽃이 시들고 옷에 때가 끼고 땀이 나며 즐거움이 없어지고 시봉하던 왕녀가 배반한다는 것이다.
큰절에 가면 범종에 양각으로 조각한 것이 많다.

아수라(阿修羅) : Asura 싸우기를 좋아하는 귀신.
인도에서 가장 오랜신의 하나.
성령(性靈)의 뜻으로 사용된 적도 있으나 무서운 귀신으로 인식 되었다.

일흥미디어

◐ 금강반야바라밀경 ◑

초판 인쇄일 / 2006년 5월 20일
초판 발행일 / 2006년 6월 10일

한 역 / 요진 삼장법사 구마라습
옮기고 엮은이 / 양 범수

발행인 / 박 영철
발행처 / 일 흥
주 소 / 서울시 중구 중림동 155-2
GS 빌딩
전 화 / 02-392-0920
팩 스 / 02-392-0921

※ 파본된 책은 바꿔 드립니다.